Der geheime Schlüssel zum Glück

Jochen Raible

Bibliografische Information der Deutschen Bibliothek
Die Deutsche Bibliothek verzeichnet diese Publikation in der Deutschen
Nationalbibliografie; detaillierte bibliografische Daten sind im Internet
über http://dnb.dnb.de abrufbar.

© 2024 Jochen Raible

Umschlaggestaltung: Marina Rudolph
Illustration: Jochen Raible, Verena Blumenfeld
Lektorat, Korrektorat: Renate Jung
Buchsatz und Layout: Verena Blumenfeld
Publishing: Sanvema Publishing UG (haftungsbeschränkt)

Druck und Distribution im Auftrag des Autors:
tredition GmbH, Halenreie 40-44, 22359 Hamburg, Deutschland

Jochen Raible

Der geheime Schlüssel zum Glück

Vorwort:
Befreie dich aus den Fesseln der Angst

Wir alle kennen sie: die Angst. Sie ist eine treue Begleiterin in unserem Leben, sie ist ständiger Gast in unseren Gedanken, ein beständiger Schatten, der unsere Taten beeinflusst. Oftmals ist sie uns sogar so vertraut, dass wir sie kaum mehr wahrnehmen, sie als gegeben hinnehmen. Doch was, wenn ich dir sagen würde, dass es möglich ist, angstfrei zu leben?

Ich wurde in den frühen 1970er Jahren in einer typisch schwäbischen Kleinstadt geboren. Mein Vater arbeitete bei IBM und abends in einer Tankstelle. Arbeit war immer ein selbstverständlicher Teil unseres Lebens. Ich wuchs in der Natur auf und half auf dem Bauernhof meines Nachbarn.

Es besteht eine faszinierende Verbindung zwischen dem Leben auf dem Bauernhof und dem schnellen Lernen einerseits und einer körperlichen Selbstsicherheit andererseits. Von der Belastbarkeit unseres Körpers bis zur ständigen Weiterentwicklung im Laufe der Zeit – all diese Erfahrungen stärken unser Vertrauen in uns selbst. Viele Kinder machen diese Erfahrungen gar nicht mehr.

Kinder, die keine Angst haben, sind in verschiedenen Bereichen gefährdeter als Kinder, die Angst haben. Aber wir müssen unterscheiden: Ist es eine unnatürliche Angst, die durch seltsame Gedanken oder die Übertragung der Ängste der Eltern entsteht, oder ist es eine natürliche Angst?

Genau das ist das Thema dieses Buchs. Es wird dir beim Lesen immer wieder begegnen, ebenso wie die Aussage, dass alles von dir und deinen Gedanken abhängt. Du entscheidest, in welcher Realität du lebst, ob dein Leben sich schön anfühlt oder nicht.

Angstfrei leben – das mag zunächst nach einem naiven Wunschtraum klingen. Denn Angst ist doch etwas Natürliches, oder nicht? Tatsächlich gibt es eine Art der Angst, die als natürliche, gesunde Angst bezeichnet wird. Sie dient unserem Schutz, unserer Überlebenssicherung. Sie warnt uns vor Gefahren, lässt uns in brenzligen Situationen schneller handeln, schärft unsere Sinne. Diese Angst ist unser Freund, sie hält uns am Leben.

Doch es gibt noch eine andere Art der Angst: die künstliche Angst. Diese Angst ist nicht unser Freund. Sie ist ein Konstrukt, ein Produkt unserer Gedanken und Überzeugungen. Sie entsteht, wenn wir uns Sorgen um die Zukunft machen, wenn wir uns vorstellen, was alles schiefgehen könnte, wenn wir uns Situationen ausmalen, in denen wir versagen könnten. Diese Angst hat keinen Bezug zur Realität, sie ist nicht auf konkreten Gefahren oder Bedrohungen begründet. Sie ist ein Phantom, das unsere

Gedanken verzerrt und uns daran hindert, unser volles Potenzial zu entfalten.

Die künstliche Angst ist die Angst, die uns schadet. Sie lähmt uns, sie engt uns ein, sie hindert uns daran, mutig zu sein, Risiken einzugehen, Neues auszuprobieren. Sie begrenzt uns in unserer persönlichen und beruflichen Entwicklung, sie hält uns klein. Sie ist der Grund, warum so viele von uns unerfüllt und unglücklich sind.

Wir haben es uns zur Aufgabe gemacht, dir zu zeigen, wie du diese künstliche Angst überwinden kannst. Wie du dich von den Fesseln der künstlichen Angst befreien und ein Leben voller Mut, Freiheit und Glück führen kannst. Ein Leben ohne Angst. Ein angstfreies Leben. Es ist möglich, und wir möchten dich auf diesem Weg begleiten. Willkommen in deinem neuen, angstfreien Leben.

Um dir auf deinem Weg in ein angstfreies Leben zu helfen, ist es notwendig, dass du die natürliche, nützliche Form der Angst von der künstlichen zu unterscheiden lernst. Die natürliche Angst entsteht durch externe Bedrohungen und Gefahren, während die künstliche Angst ein Produkt unserer internen Gedanken und Überzeugungen ist. Beginnen wir mit der natürlichen Angst. Stell dir vor, du überquerst eine Straße. Dein Blick ist geradeaus gerichtet, deine Gedanken sind bei deinem bevorstehenden Termin. Plötzlich hörst du den scharfen Klang quietschender Reifen, dein Herz setzt einen Schlag aus, und du drehst dich reflexartig zur Seite. Ein Auto rast auf dich zu, und noch bevor du wirklich begreifst, was passiert, springst du zurück auf den Gehweg. Dein Körper reagiert schneller als dein Verstand. Das ist natürliche Angst. Sie ist real, unmittelbar, sie ist deine innere Alarmanlage, die dich vor Gefahren schützt.

Jetzt wenden wir uns der künstlichen Angst zu. Lass uns annehmen, du stehst kurz vor einer wichtigen Prüfung. Du hast wochenlang gelernt, du kennst die Inhalte, du hast dich vorbereitet. Dennoch spürst du eine nagende Unruhe. Deine Gedanken malen Szenen des Scheiterns, der Blamage. Du stellst dir vor, wie du beim Betreten des Prüfungsraumes stolperst, wie du auf die Fragen keine Antworten weißt, wie die anderen dich auslachen. Du fühlst dich gelähmt, obwohl keine reale Gefahr vorliegt. Dies ist künstliche Angst, ein Geist, der dir Schatten malt, wo keine sind. Es ist die Angst, die uns fesselt und uns daran hindert, unser volles Potenzial auszuschöpfen.

Die Unterscheidung zwischen diesen beiden Arten der Angst ist der erste Schritt, um ein angstfreies Leben zu führen. Es ist der erste Schritt auf dem Weg zu einem Leben, in dem du dich nicht von Schatten, sondern von der Sonne leiten lässt. Es ist der erste Schritt zu einem Leben voller Mut, Freiheit und Glück.

Natürliche Angst ist wie ein wachsamer Freund, der uns vor drohenden Gefahren schützt. Sie ist ein uralter Instinkt, der tief in unseren Genen verankert ist und uns hilft, potenzielle Bedrohungen zu erkennen und zu vermeiden. Sie versetzt unseren Körper in Alarmbereitschaft, beschleunigt unseren Herzschlag, versorgt unsere Muskeln mit zusätzlicher Energie und schärft unsere Sinne, damit wir die Gefahr abwenden oder ihr entkommen können. Sie ist ein notwendiger Bestandteil unserer Existenz, ein

Überbleibsel unserer Vorfahren, das uns das Überleben in einer gefährlichen Welt ermöglicht hat.

In der ursprünglichen Wildnis unseres Daseins war natürliche Angst unser treuester Beschützer und Helfer. Sie war das präzise Warnsystem, das uns aufforderte, uns vor dem rasenden Säbelzahntiger in Sicherheit zu bringen. Heute ist diese Angst immer noch ein unverzichtbarer Teil unseres Lebens. Sie ermöglicht uns blitzschnelle Reaktionen, wie etwa, wenn auf der Autobahn plötzlich ein Lkw auf unsere Spur zieht. In solchen Momenten löst diese Angst einen Adrenalinschub aus, der uns kurzzeitige Superkräfte verleiht – unsere Reaktionszeit verkürzt sich, unsere Muskulatur wird blitzschnell mit Sauerstoff versorgt, unser Herzschlag beschleunigt sich. Wir sind plötzlich in der Lage, außerordentliche Leistungen zu vollbringen und uns vor der Gefahr in Sicherheit zu bringen.

Doch was passiert, wenn diese Angst nicht mehr nur kurzzeitig, sondern ständig präsent ist? Wenn wir uns unablässig in einem Zustand der Angst befinden? Dann versetzt dieses ständige Alarmgefühl unseren Körper und unsere Psyche in einen Zustand des chronischen Stresses. In solchen Fällen wird das Hormon Cortisol dauerhaft ausgeschüttet. Cortisol, auch bekannt als »Stresshormon«, kann bei langfristiger Ausschüttung erhebliche Schäden anrichten. Es kann zu Gedächtnisverlust, Gewichtszunahme, Depressionen, Schlafstörungen und sogar zu Herzerkrankungen führen. Es kann unseren Körper und unsere Psyche buchstäblich aufreiben.

Es ist wichtig, dass du verstehst: Ständige Angst ist nicht dein Freund, sie ist dein Feind. Sie zehrt an deiner

Gesundheit, sie zermürbt deine Psyche, sie hindert dich daran, ein erfülltes und glückliches Leben zu führen. Ich weiß, wovon ich schreibe, denn auch ich habe in meinem Leben sehr oft künstliche Angst gehabt und einen hohen Preis dafür bezahlt. Doch mir ist es gelungen, die künstliche Angst zu überwinden und zu verstehen, wie sie entsteht. Deshalb möchte ich dir nun dabei helfen, deine Angst zu überwinden.

Stell dir vor, du bekommst eine Einladung zu einer Party. Die Vorstellung, in der Mitte eines Raumes voller Fremder zu stehen, lähmt dich. Du malst dir peinliche Gespräche, tadelnde Blicke und das Gefühl, völlig fehl am Platz zu sein, aus. Das ist künstliche Angst in Aktion. Sie hindert dich daran, neue Leute kennenzulernen, dich zu vernetzen und möglicherweise, ein paar schöne Stunden zu verbringen. Die Angst raubt dir die Chance, neue Erfahrungen zu machen und dich weiterzuentwickeln.

Lass dich nicht von der Angst kontrollieren, sondern wage es, dich aus deiner Komfortzone herauszubewegen und neue Menschen kennenzulernen. Du könntest überrascht sein, wie viel Spaß du haben und wie viele interessante Menschen du treffen könntest. Die künstliche Angst ist eine trügerische Fessel, die uns in unseren Gedanken und Handlungen einschränkt. Sie ist an keine realen Bedrohungen gebunden und entsteht ausschließlich in unseren Köpfen. Sie speist sich aus unseren Unsicherheiten, unseren Zweifeln, unseren Ängsten vor dem Unbekannten. Sie ist ein Meister der Täuschung, der uns vor Gefahren warnt, die gar nicht existieren. Sie lähmt uns mit der Angst vor dem Scheitern, hindert uns daran, Risiken einzugehen, Neues zu wagen, unser Leben zu genießen. Sie begrenzt unseren Horizont, hält uns in einer Welt gefangen, die kleiner und grauer ist, als sie sein könnte. Sie ist ein Feind, der uns daran hindert, unser wahres Selbst zu werden.

Vergiss nicht, dass du es in der Hand hast, welcher dieser Ängste du Raum in deinem Leben gibst. Lass die natürliche Angst dein Beschützer sein, aber wehre dich gegen die künstliche Angst. Lass nicht zu, dass sie dich in ihren dunklen Schatten zieht. Wage es, ins Licht zu treten, mutig zu sein, dein Leben in vollen Zügen zu leben. Es ist an der Zeit, die Fesseln der künstlichen Angst zu sprengen und ein Leben voller Mut, Freiheit und Glück zu führen. Du hast es verdient.

Die Auswirkungen der Angst auf den Körper können vielfältig sein. Kurzfristig kann Angst zu einer Erhöhung der Herzfrequenz, schneller Atmung, erhöhtem Blutdruck und vermehrtem Schwitzen führen. Diese Reaktionen sind Teil der sogenannten »Kampf- oder Fluchtreaktion« des Körpers, die dazu dient, auf potenzielle Bedrohungen zu reagieren.

Die Angst kann auch unsere Wahrnehmung beeinflussen. Sie kann dazu führen, dass wir Situationen als bedrohlicher oder gefährlicher wahrnehmen, als sie tatsächlich sind, was wiederum unsere Entscheidungen und Handlungen beeinflussen und uns davon abhalten kann, Risiken einzugehen oder neue Erfahrungen zu machen.

Dauerhafte Angst kann sowohl körperliche als auch psychische Folgen haben. Auf körperlicher Ebene kann chronische Angst zu langfristigen Gesundheitsproblemen wie Herzkrankheiten, Magen-Darm-Beschwerden oder chronischen Schmerzen führen, auf psychischer Ebene zu Depressionen, Schlafstörungen und Angststörungen. Dauerhafte Angst ist eine der Ursachen für Krebs. Sie kann auch unser Selbstwertgefühl und unser Selbstvertrauen untergraben und uns daran hindern, unser volles Potenzial zu entfalten.

Das Schlimme an der künstlichen Angst ist, dass sie uns nicht vor realen Gefahren schützt, wie die natürliche Angst es tut, sondern uns zu Gefangenen unserer eigenen Gedanken und Überzeugungen macht. Sie kettet uns fest und vernebelt unseren Blick für die Schönheit des Lebens. Die künstliche Angst ist wie ein Dämon, der ständig an unserer Seite lauert und uns in einen Zustand permanenter Anspannung versetzt, immer in Erwartung, dass gleich etwas Schlimmes geschieht.

Aber das Leben bedeutet nicht nur Kampf und Überleben. Es ist auch Freude, Entspannung und Genuss. Es sind die Momente, in denen wir uns von der Sonne wärmen lassen, die Schönheit einer blühenden Wiese bewundern, das Lachen eines geliebten Menschen hören. Das sind die Augenblicke, die das Leben lebenswert machen. Doch genau diese nimmt uns die künstliche Angst. Sie hält uns in einem Zustand ständiger Alarmbereitschaft und hindert uns daran, das Leben in vollen Zügen zu genießen. Du verdienst es, die Sonne auf deiner Haut zu spüren, das Lachen zu hören, die Schönheit der Welt zu sehen. Lass nicht zu, dass die künstliche Angst dir diese Freuden stiehlt. Nimm dein Leben in die Hand, stelle dich der Angst und weise ihr ihren Platz. Zeige ihr, dass sie dich nicht beherrscht. Du bist der Meister/die Meisterin deiner

Gedanken, deiner Gefühle, deines Lebens. Lass die künstliche Angst nicht länger dein Leben diktieren. Du hast die Macht, die Fesseln der Angst zu sprengen und ein Leben voller Freude, Entspannung und Genuss zu führen.

In meiner täglichen Arbeit als Fahrlehrer habe ich festgestellt, dass sich ein beunruhigender Trend abzeichnet. Immer mehr junge Menschen treten mit großer Angst in die Fahrschule ein, da sie noch nie im Leben eigene Entscheidungen getroffen haben. Ihre Eltern, die sie mit jeder Faser ihres Herzens lieben, schirmen sie vor der Welt ab, in der Hoffnung, sie vor jeglichem Leid zu bewahren. Doch in ihrem Bemühen, ihre Kinder zu beschützen, entziehen sie ihnen die Möglichkeit, zu wachsen und sich zu entwickeln.

Wachstum und Entwicklung sind Prozesse, die auf Entscheidungen und Herausforderungen basieren. Wenn wir Entscheidungen treffen und Herausforderungen meistern, sammeln wir wertvolle Erfahrungen. Diese Erfahrungen geben uns Selbstvertrauen, und Selbstvertrauen ist nichts anderes als Vertrauen in unsere eigenen Fähigkeiten. Dieses Vertrauen baut auf Erfahrungen auf. Ohne Erfahrungen gibt es kein Selbstvertrauen.

Und wo das Selbstvertrauen fehlt, regiert die künstliche Angst. Sie übernimmt die Kontrolle und macht uns zu Gefangenen unserer eigenen Unsicherheiten. Doch das muss nicht so sein. Du hast die Macht, die Kontrolle über dein Leben zu übernehmen und der künstlichen Angst die Stirn zu bieten.

Doch um das zu tun, musst du bereit sein, Wachstum zu zulassen. Du musst bereit sein, Entscheidungen zu treffen,

Herausforderungen zu meistern und Erfahrungen zu sammeln. Du musst bereit sein, deinen Eltern und dir selbst zu beweisen, dass du stark genug bist, deine eigenen Wege zu gehen. Du musst bereit sein, dich der Welt zu stellen und deine Ängste zu besiegen. Denn am Ende dieses Weges wartet das kostbarste Geschenk von allen auf dich – das Geschenk des Selbstvertrauens.

Genau dieser Antrieb hat mich dazu veranlasst, dieses Buch zu schreiben. Als jemand, der seine eigene Angst überwunden hat, weiß ich nur zu gut, was es bedeutet, in der Knechtschaft der künstlichen Angst zu leben, und wie befreiend es ist, diese Fesseln zu sprengen. Ich habe Jahre damit verbracht, mich intensiv mit dem Thema Angst auseinanderzusetzen, habe zahlreiche Bücher gelesen, Studien analysiert und mich mit Experten ausgetauscht. Mein Wissen ist sowohl durch persönliche Erfahrungen als auch durch das Wissen anderer geprägt. Und es ist dieser reiche Wissensschatz, den ich mit dir in diesem Buch teilen möchte.

Mein Ziel ist es nicht nur, meinen Fahrschülern zu helfen, ihre Ängste zu überwinden. Ich möchte auch dir helfen. Vielleicht hast du Angst, deinen Job zu wechseln. Vielleicht fühlst du dich in einer schädlichen Partnerschaft gefangen und hast Angst, sie zu beenden. Vielleicht träumst du davon, allein in den Urlaub zu fahren, aber der Gedanke daran macht dich krank vor Angst. Ich möchte dir sagen: Du bist nicht allein. Und du musst auch nicht allein durch diese dunkle Zeit gehen. Ich bin hier, um dich zu begleiten und dir zu zeigen, dass es einen Weg aus der künstlichen Angst gibt.

Warum? Wir alle wurden irgendwann mit Schwierigkeiten konfrontiert. Wenn wir auf unser Leben zurückschauen und uns die besonders schlechten Zeiten ansehen, dann haben uns diese schwierigen Zeiten geprägt. Worauf es ankommt ist, wie wir mit diesen schwierigen Zeiten umgehen. Betrachten wir sie als Chance? Als Herausforderung? Oder verfallen wir in Schockstarre und Selbstmitleid? Das ist unsere Entscheidung. Wir können nicht beeinflussen, was uns widerfährt, aber sehr wohl, wie wir damit umgehen. Das ist eine wichtige Erkenntnis. In meinem Leben war das der Wendepunkt.

Heutzutage täuschen Eltern ihren Kindern eine Welt vor, in der sie nie mit Problemen konfrontiert werden. Doch das ist nicht die Realität. In jedem Leben gibt es Tiefpunkte, Krisen, Herausforderungen. Das ist unvermeidbar, das ist das Leben. Und das ist gut so, denn erst in diesen Phasen finden wir heraus, wer wir selbst wirklich sind.

Und dann kann uns die nächste Krise schon nicht mehr so viel anhaben, denn wir wissen ja, dass wir frühere schon erfolgreich gemeistert haben.

Wir alle haben unterschiedliche Fähigkeiten. Manche sind absolute Frohnaturen, die noch unter den schwierigsten Umständen das Gute erkennen können, andere sind besonders diszipliniert, wieder andere können auf ein großes Netzwerk von Unterstützern zurückgreifen. Wichtig ist, dass ich selbst daran glaube, die Krise meistern zu können. Und genau das kann ich nicht, wenn ich noch nie eine Entscheidung bezüglich meines Lebens getroffen habe.

Jede Entscheidung birgt ein Risiko. Wir werden nie genau wissen, ob wir uns richtig entscheiden oder nicht, und wenn, dann erst viel später. Wir müssen den Mut haben, den Schritt in das Unbekannte zu machen, doch wir werden bessere Entscheidungen treffen, wenn wir auf Erfahrungen zurückgreifen und nicht auf irrationale Ängste ohne Bezug zur Realität.

Ich lade dich ein, dich auf eine Reise zu begeben. Eine Reise, die vielleicht herausfordernd sein wird, aber am Ende wirst du eine wertvolle Belohnung finden: die Freiheit. Die Freiheit, dein eigenes Leben zu leben, ohne dass die künstliche Angst dich länger gefangen hält. Die Freiheit, deine Träume zu verfolgen, deine Ziele zu erreichen und das Leben zu leben, das du verdienst. Ich bin überzeugt, dass jeder Mensch das Potenzial hat, seine Ängste zu überwinden. Denn ich habe es selbst geschafft. Und wenn ich es schaffen kann, dann kannst du es auch!

Viele junge Menschen kommen in meine Fahrschule, ihre Augen voller Angst und Unsicherheit. Sie zittern, ihre Hände umklammern das Lenkrad, als wollten sie sich an einem rettenden Strohhalm festhalten. Diese Angst ist das Produkt ihrer Gedanken, ihrer Prägungen und vor allem der überbesorgten Eltern, die ihre Kinder vor jeder erdenklichen Gefahr schützen wollen. Die Wurzel dieser Angst liegt oft in der Liebe der Eltern, doch das Ergebnis ist eine hemmende und lähmende Angst. Wie können wir diese Angst überwinden? Die Antwort ist einfach und zugleich komplex – mit Liebe! Es kann überraschend sein, aber Liebe hat die Macht, Ängste zu besiegen und uns zu befreien. Sie gibt uns das Vertrauen, das wir brauchen, um uns den Herausforderungen des Lebens zu stellen. Liebe ist die Brücke, die uns von der Welt der Angst hinüber in die Welt der Freiheit führt. In diesem Buch möchte ich dir zeigen, wie du diese Brücke überqueren kannst. Ich möchte dir den Weg weisen, wie du mit Hilfe der Liebe deine Ängste überwinden kannst.

Jochen Raible, im Winter 2024

Um dich in deiner persönlichen Entwicklung weiter zu unterstützen, empfehle ich dir, an einem meiner Workshops teilzunehmen.

Infos unter: www.jochen-raible.com

1. Kapitel:
Ein schrecklicher Verdacht

An einem sonnigen Nachmittag, während Jochen seine gewohnte Route im Park spazierte, bemerkte er ein Mädchen, das auf einer abseits stehenden Bank saß. Ihr Gesicht war in ihren Händen verborgen, ihr schluchzendes Weinen zerriss die Stille. Zögernd näherte er sich und setzte sich neben sie, hielt dabei aber einen respektvollen Abstand ein.

»Ist alles in Ordnung?«, fragte er vorsichtig. Er wollte nicht aufdringlich sein, doch das Mädchen tat ihm leid, wie es da so allein saß und weinte. »Ich bin Jochen«, stellte er sich vor.

Das Mädchen schluchzte: »Ich bin Anna.«

»Warum weinst du so, Anna?«, fragte Jochen sanft. Sie blickte auf. Ihre blauen Augen waren rot und angeschwollen. Es dauerte eine Weile, bis sie antwortete. »Ich ... Ich weiß nicht.« Ihre Stimme war ein kaum hörbares Flüstern, und sie zuckte zusammen, als sie wieder zu weinen begann.

Jochen, der sich nicht sicher war, wie er vorgehen sollte, reichte ihr ein Taschentuch und wartete geduldig, bis sie ihre Fassung wiedererlangte. Er spürte, dass es ihr guttat, nicht allein zu sein. Er wusste aus eigener Erfahrung sehr gut, wie es war, wenn man glaubte, völlig verzweifelt zu sein. Es half oft schon, einfach nicht allein zu sein.

»Ich fühle mich nicht gut«, gestand sie schließlich. »Lähmungen, Kribbeln, Schmerzen ... überall ... und die Ärzte ... sie wissen noch nicht, was es ist. Es kommt einfach und geht, ich habe keine Kontrolle darüber. Manchmal kann ich mich kaum bewegen oder habe kein Gefühl in den Händen. Dann wieder tut mir alles weh, oder ich habe dieses Kribbeln in Armen und Beinen.«

Ihre Worte hingen schwer in der Luft, und Jochen fühlte einen Stich der Sorge.

»Ist es so ernst?«, fragte er leise. Sie nickte nur, Tränen strömten wieder über ihre Wangen. Er schätzte Anna auf höchstens sechzehn Jahre.

»Sie ... sie haben gesagt, es könnte MS sein ... oder ein Hirntumor ... oder irgendeine Art von Krebs ... Aber das werde ich erst in zwei Wochen wissen.« Sie schluchzte und konnte nicht weitersprechen.

Ihre Worte trafen Jochen wie ein Schlag. Er sah die furchtbare Angst in ihren Augen, die Angst vor der Ungewissheit, die Angst vor dem, was kommen könnte. Sollte ihr Leben vorbei sein, bevor es überhaupt begonnen hatte?

»Das klingt furchtbar beängstigend«, sagte Jochen mitfühlend. »Aber es ist noch nichts sicher, oder? Die Ergebnisse kommen erst in zwei Wochen, sagten sie?«

Sie nickte wieder und versuchte, ihre Tränen wegzuwischen. »Aber ... aber was, wenn es etwas Schlimmes ist? Was ... was soll ich tun?«

Jochen musste etwas sagen. Er hatte keine Antworten, keine Lösungen. Aber er hatte ein offenes Ohr und ein mitfühlendes Herz. Und in diesem Moment war das alles, was er bieten konnte.

»Es ist in Ordnung, Angst zu haben«, sagte er schließlich. »Aber du solltest versuchen positiv zu bleiben. Was auch immer passiert, du bist nicht allein. Es gibt Menschen, die dir helfen und dich unterstützen können. Und denk daran, dass du stark bist. Du bist viel stärker, als du weißt.«

Anna blinzelte. Ihre blonden Locken schimmerten im Sonnenlicht. »Wie soll ich denn damit umgehen? Ich wollte doch ein Auslandsjahr machen, studieren ... und jetzt.« Wieder begann sie bitterlich zu weinen.

Jochen sah Anna nachdenklich an, bevor er langsam zu sprechen begann. »Weißt du, Anna ... Ich verstehe deine Angst. Wirklich, ich verstehe sie. Ich habe viele Jahre meiner eigenen Lebenszeit damit verbracht, in ständiger Angst und Sorge zu leben. Ich habe mich vor Dingen gefürchtet, die am Ende doch nie eingetreten sind. Und weißt du, was ich dabei gelernt habe?« Er machte eine kurze Pause, um sicherzugehen, dass er Annas Aufmerksamkeit hatte. »Ich habe gelernt, dass die Sorge um etwas, das noch nicht eingetreten ist, uns um den gegenwärtigen Augenblick bringt. Und wir haben nur diesen Augenblick. Jeden Tag, jede Stunde, jede Minute ... Sie sind alle kostbar und einmalig. Wenn du deine Zeit mit Sorgen verbringst, verpasst du den jetzigen Moment, das Hier und Jetzt. Und das ist das Einzige, was wir wirklich haben.« Er sah Anna sanft und verständnisvoll an. »Es ist nur natürlich, Angst zu haben, aber lass nicht zu, dass diese Angst dich davon abhält zu leben. Egal, was die Zukunft bringt ... Du wirst immer noch du selbst sein. Und du wirst immer Menschen haben, die dich lieben und unterstützen.«

»Erzähl mir ein bisschen über dich, Anna«, schlug Jochen vor, in dem Bestreben, sie abzulenken.

Anna zögerte kurz, bevor sie antwortete: »Ich ... ich bin Schülerin und spiele Handball in meiner Freizeit. Ich unternehme gerne etwas mit meinen Freundinnen.« Sie lächelte schwach bei der Erinnerung an glücklichere Zeiten, und Jochen sah ihr an, dass diese Dinge ihr viel bedeuteten.

»Das klingt wundervoll! Und der Sommer steht vor der Tür. Hast du irgendwelche Pläne?« Jochen fragte, obwohl er wusste, dass ihre gegenwärtige Situation diese Pläne wahrscheinlich überschattet hatte.

»Ja, eigentlich wollten meine Freundinnen und ich alleine in den Urlaub fahren. Aber meine Eltern erlauben es nicht, und ich bin mir auch nicht so sicher, ob ich mich traue.«

Jochen hörte den Konflikt aus ihren Worten heraus. Sie war in einem Alter, in dem sie Unabhängigkeit suchte, aber ihre Umstände machten es schwierig.

Jochen nickte verständnisvoll und sagte dann: »Es ist okay, unsicher zu sein, Anna. Das gehört zum Erwachsenwerden dazu. Du hast die Kraft, die Herausforderungen zu bewältigen, die dir das Leben stellt. Und wer weiß, vielleicht findest du einen Weg, diesen Urlaub trotzdem zu machen.«

Er sah Anna mitfühlend an. »Hast du oft Angst, Anna?«

Sie zuckte zusammen, als hätte er einen Nerv getroffen, und nickte langsam. »Ja ... ich habe eigentlich immer

Angst. Vor Prüfungen, vor neuen Leuten ... vor allem eigentlich.«

Ihre Stimme zitterte, und Jochen sah, wie sehr sie mit ihren Ängsten zu kämpfen hatte. Er nickte bedächtig, während er überlegte, wie er am besten auf ihre Offenbarung reagieren sollte.

»Was ist mit abends weggehen? Oder Konzerte besuchen? Wie fühlst du dich dabei?«, fragte er vorsichtig.

Anna schüttelte den Kopf, fast als ob sie ein bitteres Lachen unterdrücken würde. »Ich traue mich nicht. Die Menschen, die Musik, die Menge ... es ist alles zu viel. Zu beängstigend.« Ihr Geständnis war fast ein Flüstern.

Sie befand sich in diesem Moment auf ungewohntem Terrain. Er nickte bedächtig und fühlte eine Woge des Mitleids. Es war offensichtlich, dass Angst nicht nur einen großen Teil von Annas Leben bestimmte, sondern es offenbar auch einschränkte.

»Anna«, sagte er, »es scheint, als ob die Angst einen großen Teil deines Lebens beherrscht. Aber ich möchte, dass du weißt, dass du nicht alleine bist. Es gibt Menschen und Ressourcen da draußen, die helfen können. Und denk daran, es ist okay, Angst zu haben, aber lass nicht zu, dass sie dein Leben beherrscht. Du bist stärker, als du denkst.«

Jochen sah Anna ernst an. »Weißt du, Anna,« begann er zögerlich, »es gab in meinem Leben Zeiten, in denen ich ganz knapp davor stand, Insolvenz anmelden zu müssen. Ich stand am Rande des Abgrunds und glaubte, alles zu verlieren.« Es war ein dunkles Geständnis, und er spürte, wie die Schatten dieser Erinnerungen in ihm aufstiegen.

»Aber jedes Mal gelang es mir, diese Situationen abzuwenden. Es war immer hart, immer eine Herausforderung, aber ich habe es geschafft. Und heute bin ich glücklich und gesund. Ich lebe ein Leben, das mir jeden Tag Spaß macht, und habe so viel Energie, dass ich anderen Menschen noch etwas davon abgeben kann. Und das habe ich ganz allein geschafft, indem ich lernte, mich nicht von meinen Gedanken und falschen Ängsten fremdbestimmen zu lassen.«

Anna starrte ihn an, ihre Augen im Sonnenlicht fast transparent.

»Aber,« widersprach sie leise, »das ist bei mir etwas Anderes. Gegen eine solche Diagnose kann man nichts machen. Du kannst nicht einfach umkehren, und alles wird wieder gut.« Ihre Stimme brach fast beim Sprechen, und Jochen schwieg, um die Schwere ihrer Worte und Gefühle nicht zu relativieren.

Eine Weile saßen sie so beieinander im Sonnenlicht, das bereits vom Sommer erzählte, und hörten dem Zwitschern der Vögel zu – zwei Fremde im Grunde, doch in dieser besonderen Situation verbunden. Jochen hatte aus vielen Erfahrungen in seinem Leben gelernt, dass es Zufälle im Grunde gar nicht gab. Die meisten Begegnungen im Leben hatten einen Grund. Es war kein Zufall, dass er Anna begegnet war, und so blieb er sitzen und leistete ihr Gesellschaft.

»Weißt du«, begann Jochen. »Als junger Mann wollte ich immer unbedingt etwas mit Autos machen. Meine Eltern hatten eine Tankstelle, und da lag das nahe. Also wurde ich mit vierzehn Jahren Kfz-Mechaniker, machte später meinen Lkw-Führerschein und fuhr Motorradrennen. Das hat mir unheimlich viel Spaß gemacht, aber ich stand mir auch selbst im Weg. Ich war mutig und ging Risiken ein, aber meine Ängste hatten trotzdem immer die Kontrolle, sodass es zu Unfällen kam. Im vierten Jahr meiner Motocross-Karriere schaffte ich es, unter die ersten zehn Fahrer zu kommen. In meinem letzten Rennen kämpfte ich um den Sieg. Ich führte das Rennen an und kollidierte dann in der Luft mit einem anderen Fahrer. Ich sprang von außen nach innen, er von innen nach außen oder umgekehrt. Ich erinnere mich nicht mehr genau, aber wir prallten in der Luft zusammen. Bei mir waren alle Bänder in der Schulter gerissen. Da war nichts mehr möglich. Ich musste ins Krankenhaus nach Tübingen und operiert werden. Das Spannende war: Wir waren dort zu sechst in einem Zimmer, und alle hatten einen Motorradunfall gehabt. Fast alle haben ihre Motorräder noch im Krankenhaus wieder aufgebaut. Sie haben alle Teile bestellt, aber einer, der nur einen sehr kleinen Sturz gehabt hatte und am wenigsten verletzt worden war, sagte: ,Ich werde nie wieder Motorrad fahren!' Selbstverständlich zogen die anderen ihn damit auf. Bei mir wurde im Krankenhaus klar, dass es schwierig sein würde, in der nächsten Saison zu starten, da die Operation sehr kompliziert war. Die Bänder mussten wieder angenäht werden, und die Genesung dauerte damals etwas länger als heute. Ich dachte immer, dass ich nur ein besserer Fahrer werden musste, dabei waren nicht meine Fahrkünste das Problem, sondern meine Gedanken. Mit meinen Gedanken stand ich mir selbst im Weg und sorgte so dafür, dass ich immer wieder Unfälle hatte. Später führten verschiedene

Umstände dazu, dass ich fast zehn Jahre pausieren musste mit den Rennen. Ich wollte diesen Traum verwirklichen, aber es gelang mir nicht. Meine Karriere endete mit einem Wadenbeinbruch. Manchmal gibt es im Leben keine zweiten Chancen, und dann muss man Dinge loslassen.«

Aufmerksam sah er Anna an. »Manche Dinge müssen wir tun und wagen, solange wir jung sind. Und wir sollten nicht zulassen, dass wir uns mit unseren Gedanken selbst im Weg stehen. Das ist es, was ich dir mitgeben möchte.«

Anna schluchzte und schlug die Hände vors Gesicht. »Aber genau das ist es doch! Ich will ja jung sein, ich will das alles ja machen, aber es geht nicht! Es gibt Tage, da sind die Symptome so schlimm, dass ich nicht aufstehen kann. Mein Körper macht einfach, was er will, er tut weh, es kribbelt, ich habe keine Kontrolle. Es ist furchtbar und macht mir solche Angst!«

»Das verstehe ich«, sagte Jochen sanft und ernst. »Ich weiß, dass das gerade alles sehr schwer für dich ist. Und ja, eine solche Diagnose kann das Schlimmste bedeuten. Den Tod. Aber denk daran, dass die Angst vor dem Tod letztlich nur eine Form der Angst ist. Und Ängste können überwunden werden.«

Anna ließ ihre Hände sinken. »Aber wie?«, flüsterte sie.

Er machte eine Pause, um seiner nächsten Aussage Gewicht zu verleihen. »Es könnte sein, dass wir die Angst vor dem Tod überwinden können, indem wir eine Antwort auf die Frage finden, warum wir hier sind. Könnte das für dich einen Sinn ergeben?«

Anna sah ihn verwirrt an, ihre Augen weit und voller Ungewissheit. »Ich ... ich weiß nicht«, stammelte sie. »Ich finde beide Vorstellungen schrecklich. Sowohl die Idee, bald zu sterben, als auch die Vorstellung, mein Leben lang an einer schlimmen Krankheit leben zu müssen.«

Jochens Blick wurde warm und einfühlsam, als er ihre Ängste anerkannte. »Das verstehe ich auch«, antwortete er. »Aber was ist, wenn es noch eine dritte Möglichkeit gäbe? Was, wenn eine so schlimme Diagnose doch nicht so schlimm ist, wie du vielleicht denkst? Könntest du das in Betracht ziehen?«

Anna sah ihn weiterhin verwirrt an, aber Jochens Worte hatten sie zum Nachdenken gebracht.

»Was meinst du damit?«, fragte sie schließlich und beugte sich neugierig etwas näher zu ihm hin.

Jochen lächelte leicht und fuhr fort: »Ich meine damit, dass es vielleicht mehr gibt als das, was wir mit unseren Sinnen erfassen können. Vielleicht gibt es etwas Höheres oder Größeres, etwas Göttliches oder Spirituelles. Etwas, das uns bei unseren Kämpfen helfen kann.«

Anna dachte nach, und Jochen sah, dass ihre Gedanken in Bewegung waren.

»Aber wie soll das gehen? Wie soll ich an etwas glauben, von dem ich nicht einmal sicher weiß, ob es existiert?«, fragte sie mit einem skeptischen Unterton.

Jochen nickte bedächtig und antwortete mit aller Aufrichtigkeit: »Weißt du denn, ob du existierst, Anna?« Seine Frage hing in der Luft zwischen ihnen, eine sanfte Herausforderung an ihre Wahrnehmung und ihre Zweifel.

»Ähm«, machte Anna. »Also, na, klar, ich bin ja hier.« Sie streckte die Hände aus und betrachtete ihre Finger, als müsste sie sich vergewissern, ob sie auch tatsächlich da war.

Jochen lächelte. »Okay, deiner Existenz kannst du dir also sicher sein, weil du ja deine Finger betrachten und deinen Atem wahrnehmen kannst. Und sind Existieren und Leben deiner Meinung das Gleiche?«

Anna schien über Jochens Worte nachzudenken, ihre Augenbrauen zogen sich zusammen, als sie sorgfältig ihre Worte wählte.

»Nein«, antwortete sie schließlich, »Existieren und Leben sind nicht das Gleiche. Existieren tun wir alle, aber leben ... leben bedeutet mehr. Es heißt, Erfahrungen zu machen, wachsen, lieben, lachen, weinen ... einfach alles zu fühlen.« Sie blickte auf ihre Hände und zuckte mit den Schultern. »Ich existiere, das weiß ich. Aber ich habe das Gefühl, dass ich nicht wirklich lebe. Nicht mit dieser Angst.« Ihre Unterlippe zitterte, als sie sich wieder dem ihr drohenden, unvermeidlichen Schicksal der bevorstehenden Diagnose bewusst wurde.

»Anna«, begann Jochen behutsam, »Hast du jemals darüber nachgedacht, dass die meisten Ängste irrational sind? Oftmals passiert das, wovor wir uns am meisten fürchten, gar nicht.«

Anna schaute ihn einen Moment lang an und antwortete dann: »Das stimmt nicht, es gibt auch Situationen, in denen das, wovor man sich fürchtet, tatsächlich eintritt.

»Als ich zwölf Jahre alt war, wollte ich unbedingt reiten lernen. Meine Eltern waren dagegen, aber ich habe mich durchgesetzt und habe Reitstunden genommen. Anfangs lief alles gut, aber dann, beim ersten Mal im Gelände, ging das Pferd durch.« Ihre Stimme zitterte ein wenig, als sie fortfuhr. »Ich stürzte und brach mir das Schlüsselbein. Seitdem bin ich nie wieder auf ein Pferd gestiegen.«

»Und hattest du beim Reiten auch Angst?«, fragte Jochen.

Anna nickte. »Ja, meine Eltern hatten mir immer von den vielen Gefahren erzählt, die damit verbunden sind.«

Jochen lächelte nachdenklich. »Sind deine Eltern sehr vorsichtig?«, fragte er.

Anna nickte wieder. »Ja, sie wollen immer, dass mir möglichst nichts geschieht.«

Jochen sah sie an, dann sagte er leise, aber bestimmt: »Aber Anna, zum Leben gehört es nun einmal dazu, dass Dinge geschehen. Sonst würde sich doch nie etwas verändern, und dann kann das Leben nicht seinen Lauf nehmen. Man kann sich dem Leben nicht verweigern, indem man verhindern möchte, dass etwas geschieht.«

»Aber doch nicht die schlimmen Dinge«, sagte Anna und schnäuzte sich lauthals in ein Taschentuch. Ihre Augen waren noch immer ganz verweint, doch die Unterhaltung mit Jochen schien sie ein wenig aufzuheitern und von ihren düsteren Gedanken abzulenken.

»Was sind denn schlimme Dinge?«, fragte Jochen.

Anna sah ihn verdutzt an. »Na, Unfälle, Katastrophen … Krankheiten.« Das letzte Wort hatte sie geflüstert, als traute sie sich nicht, es laut auszusprechen, aus Angst, ihm damit noch mehr Macht zu verleihen.

»Mmh«, sagte Jochen. »Die schlimmsten Erfahrungen in meinem Leben haben sich im Nachhinein als enorm wichtig herausgestellt, weil ich dabei etwas über mich und das Leben gelernt habe. Ohne sie wäre ich heute sehr viel unbewusster und damit unglücklicher. Ich wäre wohl ein Gefangener meiner Ängste und Überzeugungen.«

Anna runzelte die Stirn. »Wie meinst du das?«

Jochen lehnte sich zurück und sah Anna direkt an. »Nun, es ist so: Angst hat eine enorme Auswirkung auf unsere physische Gesundheit. Wenn wir Angst empfinden, reagiert unser Körper, als ob wir in einer realen Gefahr wären. Unsere Atmung beschleunigt sich, unsere Muskeln spannen sich an, unser Blutdruck steigt. Diese Reaktionen können auf Dauer zu ernsthaften gesundheitlichen Problemen führen.«

Wieder sah er Anna direkt an. »Kennst du den Ursprung deiner Ängste?«

Anna überlegte kurz, dann schüttelte sie den Kopf. »Sie sind eine Reaktion auf das, was mir passiert ...«, begann sie.

»Nicht immer«, korrigierte Jochen sie. »Sehr oft sind unsere Ängste das Produkt unserer Gedanken. Und unsere Gedanken haben große Macht über uns. Ich habe dir von meiner Karriere als Motorradrennfahrer erzählt. Beim Motocross gibt es einen großen Sprung, den man als ‚Table‘ bezeichnet. Das bedeutet, man hat eine Plattform und dann einen Bereich, in dem man landet. Beim Absprung muss man so springen, dass man in die Schräge springt, in der man wieder landet. Wenn man in diesem Moment anfängt nachzudenken – und das war mein Problem – geht oft etwas schief. Genau an diesem Punkt hat es mich damals bei dem Unfall erwischt, obwohl ich es damals noch nicht wusste. Doch das wollte ich nicht akzeptieren. Ich erkannte, dass es meine Gedanken gewesen waren, die zu dem Unfall geführt hatten. Als ich umgestiegen bin in den Motorrad-Straßenrennsport, habe ich mich diesmal anders auf das nächste Rennen vorbereitet – nicht, indem ich über die Risiken nachdachte, sondern, indem ich die Strecke in meinem Kopf wieder und wieder durchfuhr. Es war ein fantastisches Rennen. Die anderen waren ebenfalls schnell, und wegen der Leistung hatte ich keine Chance mehr, obwohl ich das Auftaktrennen gewonnen hatte. Im Laufe der Saison hatten sie an ihren Motoren herumgeschraubt, während mein Motor im Vergleich etwas langsamer war. Ich erinnere mich noch genau daran, wie ich das Rennen fuhr und jede Runde auf dem fünften Rang festhing. Ich dachte: Verdammt, ich komme einfach nicht am Vierten vorbei! Es war eine faszinierende Geschichte. Aus renntechnischer Sicht war es ein Wunder. Zwei Runden vor Schluss beschloss ich, mich vom fünften auf den sechsten Platz zurückfallen zu lassen, da ich am vierten Fahrer nicht vorbeikommen konnte. Ich berechnete die Situation genau, da ich aufgrund der Leistung des Vierten nicht ohne Schwung vorbeikommen konnte, den ich aber gewann, indem ich mich zurückfallen ließ. Ich plante das Rennen praktisch im Voraus. Wer den Nürburgring kennt, weiß, dass es dort eine schnelle Durchfahrt gibt und dann die letzte Schikane vor der Zielkurve. Ich musste mit höherer Geschwindigkeit auf diese Passage zufahren, um später bremsen zu können. Beim Anbremsen schnappte ich mir den Fünften, überholte den Vierten dank des Schwungs aus der Schikane und holte auch den Dritten in der Kurve ein. Der Zweite hatte mich in einem früheren Rennen provoziert, also gab ich ihm einen kleinen Schubs. Das war renntechnisch in Ordnung. So fuhr ich als Zweiter über die Ziellinie und sicherte mir den Titel zum deutschen Vizemeister im ADAC- Junior Cup.«

Jochen tippte sich an die Stirn. »Alles Kopfsache, verstehst du? Und im Grunde ist das Leben nichts anderes als ein einziges großes Rennen. Am Ende entscheidet der Kopf über Sieg oder Niederlage, das ist nicht nur beim Rennen fahren so, sondern in jeder Situation im Leben. Dabei ist es ganz wichtig, dass man Risiken realitätsnah kalkuliert und eingeht, sich aber auch nicht von zu viel Angst oder zu viel Ehrgeiz leiten lässt. Außerdem muss man die eigenen Fähigkeiten kennen. Ein bisschen Risiko muss immer dabei sein, sonst wächst man nicht über sich hinaus, doch wie immer im Leben kommt es auf die Dosis an. Wenn ich heute auf meine Zeit als Rennfahrer zurückblicke, dann erkenne ich, dass ich mir viel zu viele Gedanken gemacht und deshalb auch unter künstlicher Angst gelitten habe. Das war der Grund für meine vielen Unfälle. Aber damals konnte ich das noch nicht erkennen. Ich spürte nur, dass ich da an eine Art Grenze, eine Blockade stieß, die ich aber noch nicht richtig fassen konnte. Das war eine wichtige Erkenntnis: Die meisten Grenzen, denen wir begegnen, setzen wir uns selbst durch unsere Überzeugungen. Wir sind es, die uns selbst daran hindern, unser volles Potenzial auszuschöpfen, weil wir uns nicht mehr zutrauen oder uns sogar einreden, nicht mehr zu verdienen. Nur, wenn man sich selbst als Sieger sieht, kann man auch Sieger werden. Wenn man sich selbst einredet, dass man nicht gut Auto fährt, dann fährt man auch dementsprechend. Unsere Überzeugungen kreieren unsere Wirklichkeit, und in einer Art Teufelskreis bestätigen die Erfahrungen, die wir aufgrund dessen machen, dann auch noch unsere Überzeugungen. Selbst wenn du eine so ernste Diagnose hast, wird die Angst, die du empfindest, die Situation nicht besser machen – tatsächlich vielleicht sogar noch schlimmer. Dein Körper ist möglicherweise – noch wissen wir das ja nicht, aber nehmen wir es einmal an – bereits mit der Krankheit belastet, und die zusätzliche Belastung durch die Angst kann den Heilungsprozess beeinträchtigen.«

Anna schwieg und knetete unbewusst ihre Hände, bis die Knöchel weiß hervortraten. Jochen spürte, wie angespannt sie war.

»Um wirklich zu heilen, musst du lernen, diese Angst loszulassen«, sagte er leise, doch so, dass Anna ihn noch gut hören konnte. »Du musst lernen, in diesem Moment zu leben und dich auf die positiven Aspekte zu konzentrieren. Es ist nicht einfach, ich weiß. Aber es ist absolut notwendig, wenn du gesund werden und dein Leben in vollen Zügen genießen willst.«

Jochen sah Anna ernst an, seine Worte waren eindringlich, aber auch einfühlsam. Er wollte ihr keine falschen Hoffnungen machen, aber er wollte ihr auch eine Perspektive aufzeigen, einen Weg, wie sie mit ihrer Situation umgehen und vielleicht sogar ihre Krankheit besiegen konnte.

»Ich meine, ich bin doch noch viel zu jung, um zu ...«, hauchte Anna.

»Um zu sterben?«, beendete Jochen den unausgesprochenen Satz. Sein Blick war ernst, aber nicht traurig. » Nur wenige sind jemals bereit für den Tod, Anna, egal, in welchem Alter. Aber es ist ein Teil des Lebens, ob wir es mögen oder nicht. Und ja, du bist jung, und es ist unendlich traurig, dass du in deinem Alter mit so etwas konfrontiert wirst. Aber das bedeutet nicht, dass du aufgeben sollst. Im Gegenteil: Es bedeutet, dass du kämpfen sollst, und zwar mit allem, was du hast.«

»Aber ich weiß nicht, wie«, gestand Anna.

Ihre Ehrlichkeit war greifbar, und Jochen bewunderte sie zutiefst für ihre Offenheit. »Das verstehe ich«, antwortete er mitfühlend, »aber vielleicht ist es an der Zeit, die Kontrolle zurückzugewinnen. Wir beginnen damit, die Ängste zu konfrontieren und zu lernen, wie wir sie besser managen können. Niemand sagt, dass es einfach wird, aber ich versichere dir, es ist möglich. Du bist nicht allein in diesem Kampf, Anna. Wenn du möchtest, kann ich dir zeigen, wie du deine Angst überwindest.«

»Und wie soll das gehen?«

»Wir verabreden uns zu einem speziellen Anti-Angst-Training. Eigentlich habe ich es für die Schüler meiner Motorradfahrschule entwickelt, aber es funktioniert für alle Bereiche. Und was hast du zu verlieren? Im besten Falle lenkt es dich ab.«

»Was muss ich dafür tun?«, fragte Anna zögerlich.

»Nur mit mir ein wenig in der Natur herumlaufen, mehr nicht«, versprach Jochen und lächelte sie an. »Wenn du möchtest, kannst du das mit deinen Eltern besprechen, und ich werde ihnen alles erklären. Bist du bereit?«

Anna schniefte. Sie schien sich nicht sicher zu sein, aber das, was Jochen ihr erzählt hatte, hatte ihr Interesse geweckt. Schließlich nickte sie.

»In Ordnung«, sagte sie. »Alles ist besser, als jetzt nur zu Hause zu sitzen und auf den Arzttermin zu warten.«

2. Kapitel:
Eine Hölle namens Angst

Ein paar Tage später trafen sich Anna und Jochen an einem malerisch gelegenen Wanderweg, der sich an einem munteren Wildbach entlangschlängelte. Das geschäftige Plätschern des Wassers, das sich seinen Weg über moosbewachsene Steine bahnte, erfüllte die Luft. Ein idyllisches Bild bot sich ihren Augen: Rehe, die zwischen den Bäumen hervorlugten, das frische Grün der Blätter, die im Sonnenlicht funkelten, und das Lied der Vögel, das von den hoch aufragenden Baumkronen herab hallte.

Zu Beginn ihrer Wanderung war Anna deutlich angespannt, ihre Nervosität war förmlich greifbar. Doch als sie weiter durch die unberührte Natur gingen, verblasste diese Anspannung allmählich. Die friedliche Atmosphäre des Waldes, das sanfte Rauschen des Bachs und die frische Luft schienen ihren Geist zu beruhigen.

Zwischendurch bedachte Jochen sie immer mal wieder mit einem Seitenblick und bemerkte seit ihrem Gespräch zum ersten Mal ein zartes Lächeln.

»Weißt du, Anna«, sagte er schließlich. »Ich war mal ganz ähnlich unterwegs wie du. Ich hatte Angst vor vielen Situationen, und das führte zu einer Menge Problemen. Ich fühlte mich mehr und mehr als Opfer der Umstände statt als Schöpfer meiner Realität.«

Anna sah ihn schüchtern an. Die beiden kannten sich noch kaum, und die Situation war für sie ungewohnt, und sie fühlte sich etwas überfordert und ratlos.

»Wie hat sich das geändert?«, fragte sie vorsichtig.

»Der größte Schritt und Wandel in meinem Leben war, als ich aufhörte zu fragen: Warum passiert mir das alles? Wenn etwas geschieht, mag ich kurz denken: ‚Das ist ärgerlich‘, aber dann sage ich mir: ‚Lass uns sehen, wohin uns das führt. Bleiben wir positiv!‘ Diese Einstellung begleitet mich schon seit vielen Jahren. Denn ich kann die Vergangenheit nicht ändern. Rückblickend haben mich Situationen, bei denen ich mich fragte, warum mir das passiert, immer weitergebracht. Das ist unser höheres Bewusstsein, unsere innere Stimme, unsere Intuition, die uns immer zum nächsten Schritt führt, die uns voranbringt.«

Anna hörte ihm aufmerksam zu, und Jochen sah viele Fragezeichen auf ihrer Stirn.

»Gedanken haben mit intuitiven Entscheidungen überhaupt nichts zu tun. Die Entscheidung aus dem Instinkt kommt aus dem Überbewusstsein. Die Bauchentscheidung, der Instinkt, ist für mich auf der Seelenebene meine innere Stimme. Es ist eine Stimme in mir, die von etwas Höherem spricht. Dieses Höhere ist ein Teil eines großen Ganzen, das uns alle im Grunde verbindet. Ob wir es Gott, das Universum oder das große Ganze nennen, ist nicht wichtig. Es ist eine innere Stimme, der ich vertraue, zu der viele Menschen keinen Kontakt haben. Hast du diese Stimme auch?«

Anna überlegte kurz. »Ich bin nicht sicher«, gestand sie schließlich. »Also, ich habe eine innere Stimme, aber sie warnt mich immerzu, vor allem Möglichem.«

»Intuitive Entscheidungen haben nichts mit rationalen Gedanken zu tun. Sie entspringen dem Instinkt, dem Überbewusstsein. Doch was genau verbirgt sich dahinter? Besonders für diejenigen, die in Depressionen verfallen und sich im Umgang mit ihrem Leben unsicher fühlen, ist dieses Thema von großer Bedeutung. Die Angst vor Entscheidungen, die aus Unsicherheit resultiert, kann lähmen. Doch es gibt einen Ausweg.«

Unsicher sah Anna ihn an. »Gibt es den? Ich meine, meine Ängste sind ja real, ich habe diese Symptome, ich ...« Sie starrte auf ihre Hände, die wie auf Kommando zu zittern begannen.

Jochen lächelte aufmunternd. »Es gibt immer einen Weg, das eigene Leben zu verbessern, auch in den aussichtslosesten Situationen.«

Sie wanderten eine Weile schweigend weiter, nur von den natürlichen Klängen des Waldes begleitet.

Jochen nahm die vorbeiziehenden Landschaften in sich auf und ließ seine Gedanken schweifen. Er fühlte den festen Boden unter seinen Stiefeln, den Wind, der sanft durch seine Haare strich, und das Gras, das ihm bis zu den Knien reichte, die Sonne, die durch das Laubwerk fiel und kleine glitzernde Muster auf seinen Armen hinterließ.

»Es ist wunderschön hier, nicht wahr?«, brach Jochen schließlich das Schweigen. Seine Augen suchten Annas Gesicht, und er sah, wie sie zustimmend nickte.

»Das ist es«, antwortete sie. Ihre Stimme klang sanfter, fast ehrfürchtig. »Ich habe vergessen, wie gut es ist, einfach nur draußen zu sein. Es fühlt sich so ... real an.«

Die Worte hingen in der Luft, als sie weiter durch den Wald gingen, durch die Schönheit der Natur getragen und von den Gedanken begleitet, die sie noch zu besprechen hatten. Doch für diesen Moment genossen sie die Stille und die friedliche Atmosphäre des Waldes um sie herum.

Jochen atmete tief ein und begann dann, seine Geschichte zu erzählen. »Es gab da einen jungen Mann, ein leidenschaftlicher Motorradfahrer. Aber immer wieder wurde er von der Angst übermannt, besonders bei hohen Geschwindigkeiten oder schwierigen Manövern. Diese Angst führte zu Unfällen und Verletzungen, zu vielen schmerzhaften Erfahrungen. Es war ein Teufelskreis – seine Angst führte zu Unfällen, was seine Angst noch verstärkte. Doch statt das Motorradfahren aufzugeben, entschied er sich, sich mit seiner Angst auseinanderzusetzen. Er wollte verstehen, warum er so ängstlich war und was er tun konnte, um seine Angst zu kontrollieren und zu überwinden.« Jochen sah zu Anna herüber. »Dieser junge Mann war ich.«

Sie setzten ihren Weg fort, stiegen über moosbedeckte Baumstämme und schlängelten sich durch das dichte Unterholz, immer dem melodischen Klang des Baches folgend. Die Sonnenstrahlen, die durch das dichte Blätterdach brachen, hinterließen auf ihrer Haut ein Muster aus

Licht und Schatten, verwandelten das Laub in leuchtendes Smaragdgrün und verwandelten die Wassertropfen auf den Blättern in funkelnde Diamanten.

»Jochen«, begann Anna leise, ihre Stimme klang fast wie ein Flüstern in der Stille des Waldes, »wie hast du es geschafft, deine Angst zu überwinden?« Ihre Worte schienen in der Luft zu hängen, mischten sich mit dem Rauschen des Waldes und dem Zwitschern der Vögel.

Jochen blieb stehen und sah Anna direkt an. Sein Blick war ernst und nachdenklich, als er tief Luft holte und dann zu sprechen begann. »Es war ein langer Prozess, Anna. Ich musste zunächst verstehen, dass die Angst in mir nicht mein Feind, sondern eine Art Schutzmechanismus ist. Sie wollte mir signalisieren, dass ich in Gefahr war. Doch ich musste lernen, dass nicht jede Angst begründet ist. Manchmal projiziert unser Gehirn nur die schlechtmöglichsten Szenarien und lässt uns glauben, dass sie tatsächlich eintreffen könnten. Um meine Ängste zu überwinden, musste ich also lernen, meine Gedanken zu kontrollieren und zu hinterfragen. Ich musste lernen, meine Ängste zu verstehen und sie dann loszulassen. Es war kein leichter Weg, aber ein lohnenswerter. Denn heute kann ich sagen, dass die Angst nicht mehr der Fahrer meines Lebens ist. Ich bin es.« Jochen lächelte Anna sanft an, bevor sie ihren Weg fortsetzten, tiefer hinein in den friedvollen Wald.

»Siehst du, Anna«, fuhr Jochen fort, »fast jede unserer Handlungen gründet auf zwei der größten Emotionen, die wir kennen. Das eine ist die Liebe, und auf der anderen Seite der Liebe befindet sich die Angst. Bei der Angst müssen wir allerdings unterscheiden.« Er machte eine kurze Pause und sah Anna an, um sicherzustellen, dass sie ihm folgte.

»Da gibt es die künstliche Angst und die natürliche Angst. Die natürliche Angst ist jene, die uns davor bewahrt, uns in gefährliche Situationen zu begeben. Sie ist unser Überlebensinstinkt, der Alarm schlägt, wenn wir uns vor einem Abgrund befinden oder wenn wir uns in der Nähe eines gefährlichen Tieres aufhalten. Wir brauchen diese Angst, sie schützt uns. Die künstliche Angst hingegen ist jene, die in unseren Köpfen entsteht. Sie basiert auf Annahmen, Vermutungen und schlimmsten Befürchtungen. Sie ist die, die uns davon abhält, Neues auszuprobieren, Risiken einzugehen und unser volles Potenzial zu entfalten. Diese Angst ist die, die wir lernen müssen zu kontrollieren und zu überwinden.« Er warf einen Seitenblick auf Anna, ihr Blick war nachdenklich, aber aufmerksam. »Verstehst du, was ich meine? Die natürliche Angst, die wir verspüren, wird durch unseren Instinkt gesteuert. Dieser Instinkt ist unser Bauchgefühl, unsere innere Stimme, die Stimme unserer Seele. Diese Stimme hat immer unser bestes Interesse im Sinn und leitet uns entweder in Richtung Liebe oder in Richtung natürlicher Angst. Beide Richtungen dienen unserem Überleben und Wachstum – Liebe öffnet uns für neue Möglichkeiten und Erfahrungen, während natürliche Angst uns vor potenziellen Gefahren schützt. Der Schlüssel liegt darin, auf diese innere Stimme zu hören und zu lernen, sie richtig zu interpretieren. Wenn wir unsere innere Stimme verstehen und uns von ihr leiten lassen, können wir ein erfülltes und ausgewogenes Leben führen, frei von unbegründeten Ängsten und begrenzenden Annahmen.«

»Jochen«, begann Anna nachdenklich, ihre Grübchen zeigten sich schwach, als sie ihre Stirn runzelte, »wie können wir denn diese künstliche Angst von der natürlichen Angst unterscheiden? Und wie können wir unser Gehirn trainieren, um uns nicht von diesen unbegründeten Ängsten leiten zu lassen?«

Ihre Fragen waren aufrichtig, und in ihren Augen stand das Bedürfnis, zu verstehen und zu lernen. Jochen lächelte sanft auf ihre Fragen und bereitete sich darauf vor, seine Gedanken und Erfahrungen mit Anna zu teilen.

Er nahm einen Stock in die Hand und begann, ein Bild in den feuchten Waldboden zu zeichnen. Als er fertig war, war eine Straße zu erkennen, die sich in drei Abzweigungen aufteilte.

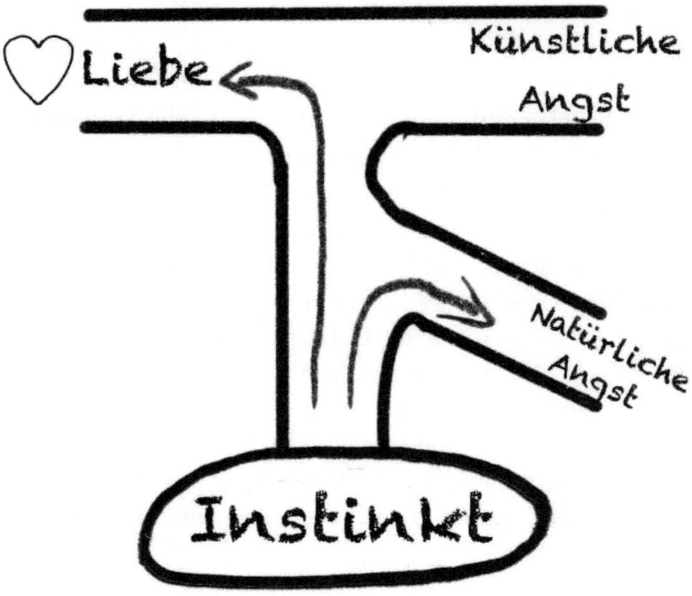

Er zeigte auf den Weg, der vor der Kreuzung nach rechts führte. »Das ist der Weg der natürlichen Angst«, erklärte er. Dann zeigte er auf den Weg, der etwas weiter oben nach rechts führte. »Und das ist der Weg der künstlichen Angst.« Schließlich zeigte er auf die Straße, die direkt nach oben in die Mitte der beiden Wege führte. »Hier unten, von wo wir kommen, ist unser Instinkt«, sagte er und zog eine Linie zum unteren Rand des Bildes. Dann zeigte er nach links: »Das ist die Liebe.«

Anna sah ihn verwirrt an. Sie betrachtete das Bild im Sand und schüttelte den Kopf. »Ich verstehe das nicht, Jochen«, gestand sie. »Was hat das alles mit der Angst zu tun? Wie können wir unsere Ängste kontrollieren, und warum führen alle Wege zur Liebe oder zur künstlichen Angst?« Ihre Stirn war gerunzelt, ihr Blick zeigte Verwirrung. Doch in ihren Augen war auch ein Funkeln zu sehen, ein Zeichen von Neugier und dem Wunsch zu verstehen. Jochen lächelte. Es war Zeit, seine Gedanken weiter zu erklären.

»Stell dir vor, Anna,« begann er, mit einer Hand auf das Bild im Sand zeigend, »dass das Bild hier eine Straße ist, und an der Kreuzung oben befinden sich deine Gedanken. Bei jeder Entscheidung, die du triffst, hast du die Möglichkeit, entweder deinen Gedanken zu folgen oder auf deine Intuition zu hören. Deine Gedanken basieren auf deinen bisherigen Erfahrungen, deinen Ängsten und Hoffnungen und können dich oft in die falsche Richtung führen. Deine Intuition hingegen ist dein innerer Kompass, der dich immer in die richtige Richtung führen wird. Sie basiert auf deinem Bauchgefühl und nicht auf deinen Gedanken. Wenn du lernst, deiner Intuition mehr zu vertrauen, wirst du feststellen, dass du weniger von deinen Ängsten kontrolliert wirst und mehr von deiner inneren Weisheit.«

Anna schüttelte den Kopf. »Aber mein Instinkt ist doch meine Angst«, sagte sie.

Jochen lächelte. »Ja, weil du das eine noch nicht von dem anderen unterscheiden gelernt hast. Aber deshalb sind wir ja hier.«

Anna schien nicht überzeugt, aber sie hörte weiter zu.

»Jetzt erkläre ich dir, wie deine Gedanken funktionieren.« Jochen wählte seine Worte sorgfältig. »Zunächst sollte dir bewusst sein, dass immer du diejenige sein solltest, die die Kontrolle über deine Gedanken hat. Denn deine Gedanken stehen unter ständigem Einfluss von der Arbeit oder der Schule, von Freunden oder der Familie. Es sind die Politik und die Religionen, die schon seit hunderten von Jahren versuchen, die Gedanken der Menschen zu manipulieren, und letztendlich sind es die Medien, denen es bei den meisten Menschen gelingt, sich durch ständiges Wiederholen Zugang zu den Gedanken der Menschen zu verschaffen, um sie so zu beeinflussen, dass ihr Instinkt mit der Zeit so gut wie außer Kraft gesetzt wird.«

Er machte eine kurze Pause, um seine Botschaft zu unterstreichen und Anna die Möglichkeit zu geben, seine Worte zu verdauen. »Deswegen ist es so wichtig, dass wir lernen, unsere Gedanken zu kontrollieren und zu hinterfragen. Nur so können wir uns von unbegründeten Ängsten befreien und unseren Weg zur Liebe finden.«

»Mmh«, machte Anna. »Du meinst also, dass ich nur so viel Angst habe, weil mir alle ständig einreden, dass ich Angst haben sollte.«

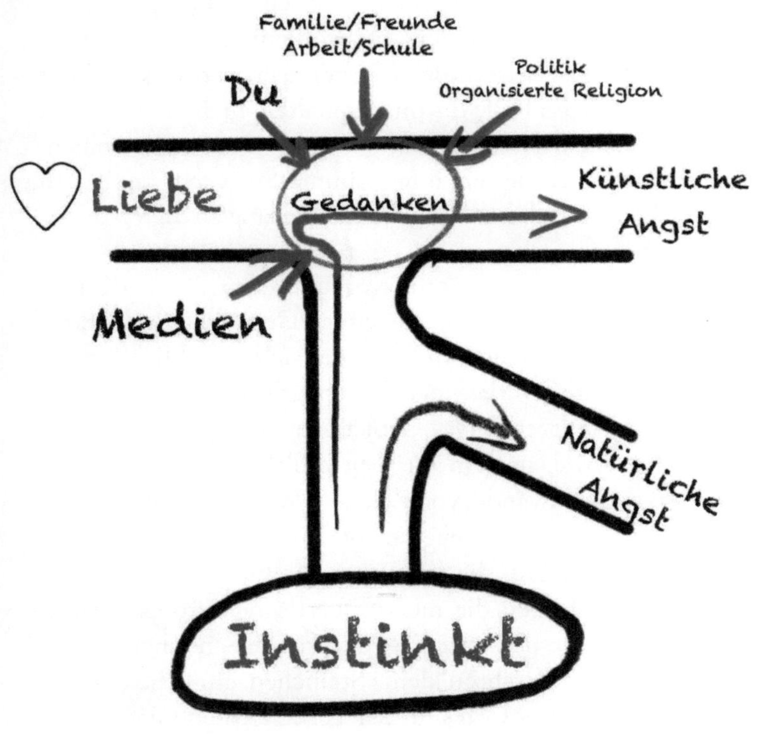

Jochens Augen blitzten. »Du lernst schnell. Fällt dir eine konkrete Situation ein, in der dir Angst gemacht wird?«

Anna ließ einen tiefen Seufzer entweichen und begann dann, ihre Gedanken zu teilen. »Nun, ich habe schon immer davon geträumt, ein Jahr im Ausland zu verbringen. Besonders die USA haben mich immer fasziniert. Aber alle, mit denen ich darüber gesprochen habe, haben mir nur von den Dingen erzählt, die schiefgehen könnten. Sie haben mir von den Schwierigkeiten berichtet, die auftreten könnten, von den kulturellen Unterschieden, die ich nicht verstehen könnte, von der Gefahr, allein in einem fremden Land zu sein. Die ständigen Warnungen und Geschichten haben mich am Ende davon abgehalten, meinen Traum zu verwirklichen. Ich habe es nie gewagt«, gab sie zu, mit einem Hauch von Bedauern in ihrer Stimme. Sie schaute zu Boden, ihre Stirn runzelte sich bei der Erinnerung an die verpasste Gelegenheit.

Jochen nickte verständnisvoll und erhob sich. »Komm, Anna,« sagte er, »wir gehen weiter.« Gemeinsam schlenderten sie durch den dichten Wald, der sich allmählich öffnete, um einen alten, verlassenen Steinbruch freizugeben, der in der Sonne glitzerte. Das Gebiet schien vergessen, ein verstecktes Juwel, in dem die Zeit stillzustehen schien. Die massiven Steinwände, von Zeit und Wetter gezeichnet, ragten majestätisch auf, zeugten von harten Arbeitstagen und lauten Maschinen, die längst verstummt waren. Flechten und Moose hatten die rauen Oberflächen erobert, verliehen dem Ort eine sanfte, fast malerische Schönheit. Unter ihren Füßen knirschten kleine Steinchen, ein Echo der Vergangenheit dieses Ortes. In der Ferne zirpten Grillen, der Wind spielte mit den Blättern der umliegenden Bäume ein leises, beruhigendes Lied.

Jochen führte Anna zu einer flachen Steinplatte in der Mitte des Steinbruchs, warm und einladend im Sonnenlicht. Hier, umgeben von der Stille und der rohen Schönheit des alten Steinbruchs, fühlte es sich an, als könnten sie über alles reden, als sei alles möglich. Sie setzten sich auf die von der Sonne erwärmten Steine und schwiegen eine Weile, bevor sie ihr Gespräch fortsetzten.

Jochen sah Anna an, und seine Stimme nahm einen sanften Ton an. »Anna,« fragte er, »wie fühlst du dich, wenn du an die verpasste Gelegenheit denkst, für ein Jahr in die USA zu gehen?« Sein Blick war voller Mitgefühl und Verständnis, ohne jede Bewertung, nur im ehrlichen Interesse, ihre Gefühle und Gedanken zu verstehen.

Anna spürte eine Welle von Trauer und Reue in ihrem Inneren aufsteigen. »Ich fühle mich ... traurig«, sagte sie leise. »Traurig darüber, dass ich es nicht gewagt habe, meinen Traum zu leben.« Tränen stiegen ihr in die Augen, und sie senkte den Blick, um ihre Emotionen zu verbergen. Jochen gab ihr Zeit, sich zu sammeln.

»Das kann ich gut nachvollziehen«, sagte er. »Und diese Trauer ist echt, das ist eine innere Stimme, deine Intuition, die dir rückwirkend sagt, dass diese Gelegenheit gut für dich gewesen wäre. Aber du hast dich davon abbringen lassen, weil du Angst hast.«

Jochen schaute Anna tief in die Augen und fuhr fort. »Siehst du, Anna, das ist genau der Punkt. Deine innere Stimme, dein Instinkt, will, dass du dich weiterentwickelst, dass du wächst und deine Träume lebst. Sie will, dass du deinen Weg zur Liebe gehst. Aber deine Gedanken, die so stark von außen beeinflusst werden, drehen diesen Prozess um. Sie manipulieren deine Entscheidungen, indem sie künstliche Ängste erzeugen und dich davon abhalten, deinen wahren Weg zu gehen. Sie schüren Zweifel und Unsicherheiten, wo eigentlich Liebe und Vertrauen sein sollten. Es ist ein Kampf zwischen deiner inneren Stimme und deinen äußeren Einflüssen. Und leider gewinnen oft die äußeren Einflüsse, weil sie lauter sind. Aber das bedeutet nicht, dass sie recht haben. Eigentlich ist es genau das Gegenteil. Denn die wahre Liebe, die wahre Weisheit liegt in dir. Und das ist es, was du lernen musst zu hören. Deine innere Stimme, dein Instinkt, der dich zur Liebe führt.«

Anna schaute Jochen an, ihre Gedanken wirbelten im Kopf. Etwas in ihr begann zu klicken. Eine Erkenntnis, die tief in ihrem Inneren verborgen lag und nun langsam ans Tageslicht kam. »Aber wie kann ich lernen, zwischen meiner inneren Stimme und den äußeren Einflüssen zu unterscheiden?« fragte sie. »Wie kann ich sicher sein, dass meine Entscheidungen auf Liebe und nicht auf Angst basieren?«

Jochen lächelte weise. »Indem du lernst, deine Gedanken zu kontrollieren und zu hinterfragen«, antwortete er. »Indem du dich selbst besser kennenlernst und deine Werte und Bedürfnisse definierst. Indem du deinen Instinkt stärkst und lernst, ihm zu vertrauen. Und indem du die Geschichten der anderen nicht blindlings akzeptierst, sondern sie kritisch hinterfragst.«

Die Sonne stand mittlerweile hoch am Himmel und tauchte den alten Steinbruch in ein goldenes Licht. Anna spürte, wie sich eine Last von ihren Schultern löste. Sie hatte immer gedacht, dass sie einfach zu ängstlich sei, aber jetzt begann sie zu ahnen, dass eine andere Sicht auf die Welt möglich war.

Jochen sah Anna ernst an und sprach weiter: »Eines solltest du wissen, Anna. Wer Angst macht, hat Macht. Also lass es nie zu, dass jemand die Macht über deine Gedanken übernimmt, sondern sei du immer diejenige, welche die Kontrolle über ihre eigenen Gedanken hat.«

Anna dachte kurz nach, bevor sie antwortete. »Das ist eine interessante Erklärung. So habe ich das noch nie gehört. Es ist schön, dich kennenzulernen. Darf ich dir, um dich besser kennenzulernen, ein paar Fragen stellen?«

Jochen nickte. »Ja, gerne. Was möchtest du wissen?«

Anna überlegte kurz und fing dann an zu fragen: »Wer ist der wichtigste Mensch in deinem Leben?«

Jochen lächelte. »Das ist eine gute Frage. Die Antwort ist: Ich bin der wichtigste Mensch in meinem Leben. Du bist der wichtigste Mensch in deinem Leben. Lebe dein Leben so, dass du dich in den Vordergrund stellst, ohne egoistisch zu sein.«

Anna nickte und stellte ihre nächste Frage: »Was ist unsere Aufgabe hier auf dieser Erde?«

Jochen zögerte einen Moment. »Ich glaube nicht, dass wir eine bestimmte Aufgabe haben. Ich glaube, dass wir hier sind, um zu lernen und zu wachsen. Um uns weiterzuentwickeln und zu erkennen, wer wir wirklich sind.«

»Und warum sind wir hier auf dieser Erde?«

»Wir sind hier, um zu leben, um Erfahrungen zu machen und um zu lieben.«

»Aber was sind wir denn?« fragte Anna. »Ich meine, wer oder was sind wir wirklich?«

Jochen lächelte. »Wir sind Liebe, Anna. Das ist, was wir im Kern sind. Wir sind Liebe, die sich durch diese menschliche Erfahrung ausdrückt.«

Anna klappte den Mund auf und schloss ihn dann wieder. »Das ... das habe ich noch nie so gehört«, sagte sie. »Es ist eine schöne Idee.«

Jochen nickte. »Es ist mehr als eine Idee, Anna. Es ist die Wahrheit. Und wenn du bereit bist, sie zu akzeptieren, wird sie dein Leben verändern.« Er sah Anna mit einem warmen Blick an und sprach weiter. »Wenn du die Wahl hast, aus diesen zwei Emotionszuständen eine Entscheidung zu treffen, aus welcher Emotion würdest du am ehesten ein positives Ergebnis erzielen? Aus der Liebe oder aus der Angst? Natürlich aus der Liebe! Wer oder was bist du? Sag es mir bitte.«

Anna biss sich auf die Lippe und zögerte. »Ich weiß es nicht«, gestand sie schließlich.

Jochen lächelte. »Du bist Liebe! Das ist das, wonach unsere Seele unser Leben lang strebt. Um das zu erkennen, bist du hier! Du bist Liebe! Du musst es nicht erst werden, sondern erkennen, dass du schon immer Liebe bist und aus der Liebe kommst. Die Liebe ist unsere Heimat!«

Anna sah Jochen überrascht an. »Jetzt haust du mich aber vom Hocker, das habe ich noch nie gehört!«

Jochen lächelte sanft und nickte. »Bis jetzt warst du auch noch nicht bereit zuzuhören. Was ist alles Angst, was verbirgt sich dahinter?« Er machte eine kurze Pause, bevor er antwortete. »Angst ist das, was du nicht bist. Angst ist das Gegenteil von Liebe, das du in deiner Realität erschaffen hast, damit du erfahren und erkennen kannst, was du wirklich bist! Du wirst bestrebt sein, das zu erfahren, was du bist (Liebe), wenn du deine Erfahrung, was du nicht bist (Angst), hinter dir gelassen hast!«

Jochen und Anna standen auf und begannen den Rückweg. Die Sonne warf nun schon lange Schatten über den Weg, und der Wind trug das Flüstern der Bäume zu ihnen.

Anna war still, ihre Augen auf den Pfad gerichtet, ihr Blick nach innen gewandt. »Aber ich habe ja nun einmal Angst«, sagte sie leise. »Ich meine, die Angst ist ja da. Sogar jetzt habe ich Angst – vor dem Arzttermin, vor den Diagnosen, vor allem! Und dann hast du von meinen Eltern erzählt, die Angst um mich haben.«

Jochen wandte ein: »Ohne diese Ängste würdest du jetzt nicht hier vor mir stehen und sagen, dass du das in deinem Leben nicht mehr haben willst.«

Sie schaute Jochen an. »Möchtest du mir damit sagen, dass diese Ängste etwa etwas Gutes sind, obwohl sie mir mein Leben zur Hölle gemacht haben?«

Jochen nickte. »Ja, genau das tue ich. Denk an das, was ich dir schon einmal gesagt habe: Um zu erkennen, wer du bist, musst du erkennen, wer du nicht bist. Jetzt ist der Zeitpunkt gekommen, an dem du erkannt hast, wer du nicht bist, und das ist die Angst. Du bist nicht Angst, du bist Liebe!«

Sie gingen weiter, umgeben von der Stille des Waldes.

Nach einer Weile fragte Anna: »Was muss ich tun, um ein glückliches Leben zu führen?«

Jochen antwortete, ohne zu zögern: »Um ein glückliches Leben zu führen, solltest du lernen, auf deine Gefühle zu hören, auf deine innere Stimme, auf deine Intuitionen. Was du dazu benötigst, ist das dementsprechende Bewusstsein. Sei dir bewusst, was du tust!«

Anna dachte nach und fragte dann: »Was ist Bewusstsein?«

Jochen lächelte. »Das Leben im Hier und Jetzt, wenn du in diesem Moment lebst und mit deinen Gedanken nicht abschweifst. Das ist der Moment, den du in vollem Bewusstsein lebst. Es gibt verschiedene Bewusstseinsarten und verschiedene Bewusstseinsebenen, aber dazu erzähle ich dir später mehr. Viele Menschen sind der Meinung, dass man den Seinszustand nur in der Meditation erreichen kann. Dem ist nicht so. Du kannst den Seinszustand auch in verschiedenen Aktivitäten oder in verschiedenen Hobbys erfahren wie zum Beispiel beim Spazieren gehen. Beobachte die Umgebung und die Schönheit der Natur, den Vogel, den Schmetterling, die hübsche Frau oder den attraktiven Mann, der an dir vorbeiläuft. Bei verschiedenen Hobbys kannst du vollkommenes Bewusstsein erfahren, denn dann bist du voll konzentriert auf das, was du gerade tust. Zum Beispiel beim Mountainbike fahren auf einem anspruchsvollen Trail, beim Motorradfahren, beim Kickboxen oder anderen Kampfsportarten, beim Tauchen, beim Lesen eines Buchs oder dem Hören eines Hörbuchs, bei einem Einsatz der Feuerwehr, während eines Höhepunkts beim Sex und noch viel mehr. In all diesen Beispielen und noch vielen mehr hast du die Möglichkeit, im Hier und Jetzt zu sein. Denn in diesen Situationen hast du keine Möglichkeit, mit deinen Gedanken in der Vergangenheit zu sein oder negative Gedanken in deiner Zukunft zu kreieren. Viele aktive Menschen sind daher glücklicher als diejenigen, die nur zuhause herumsitzen und in ihren negativen Gedanken Ängste erzeugen.«

»Aber wie funktioniert das?«, fragte Anna. Die Falten auf ihrer Stirn zeigten Jochen, dass sie ihm nicht richtig folgen konnte.

Jochen erklärte: »Dein Bewusstsein steuert das Leben im Hier und Jetzt, es sind deine Gedanken, die Einfluss darauf haben. Sobald du anfängst, aktiv zu werden, schaffst du auch die Grundlage, positive Gedanken in deiner Zukunft zu kreieren. Gleichzeitig bilden sich auch die dementsprechenden Hormonsysteme im Körper. Adrenalin, Noradrenalin und Cortisol (Stresshormone) werden abgebaut, die Glückshormone Serotonin, Oxytocin, Endorphine, Dopamin werden vermehrt ausgeschüttet, sodass du dich noch glücklicher fühlst. Dein Leben wird besser, und du wirst dich immer besser fühlen. Du wirst auch neue Fähigkeiten entwickeln, denn wenn du im Hier und Jetzt lebst, bist du in vollem Bewusstsein und kannst dir so viel mehr merken als in einer unbewussten Situation.«

Anna lächelte. Das alles klang einfach und doch so komplex. Sie fühlte sich nicht in der Lage, das alles zu schaffen, aber irgendwie war da auch ein neues Gefühl in ihrem Inneren, ein Gefühl, das sie schon lange nicht mehr empfunden hatte: Neugier und ein bisschen Freude.

Inzwischen hatten sie den Ausgangspunkt ihrer Wanderung erreicht. Annas Papa stand bereit, um sie abzuholen.

»Danke, Jochen«, sagte Anna. »Ich habe jetzt eine Menge zum nachdenken. Ich habe keine Ahnung, wie das alles funktionieren soll.«

Jochen lächelte aufmunternd: »Das erkläre ich dir, wenn ich dir die beiden anderen wichtigen Bewusstseinsarten erklärt habe. Jetzt geh mal hinaus in dein Leben und versuche bei dem, was du tust, in deinen Gedanken nicht abzuschweifen. Bleib mit deinen Gedanken immer genau bei dem, was du tust. Dann hat die Angst viel weniger Macht über dich.«

»Ich werde es versuchen«, versprach Anna.

Damit verabschiedeten sie sich.

3. Kapitel:
Der erste Gedanke oder die zwei Arten von Bewusstsein

Einige Tage später trafen sich Anna und Jochen erneut zu ihrem Anti-Angst-Training. Diesmal führte ihre Route sie über ein unebenes, felsiges Gelände. Sie kletterten umher, stiegen höher und höher, bis sie schließlich an einem abgelegenen Flecken weit oben auf dem Berg ankamen. Von hier aus hatten sie einen atemberaubenden Ausblick auf das umliegende Land. Sie konnten die weitläufigen Felder, den dunkelgrünen Wald und die kleinen Dörfer mit ihren rauchenden Kaminen sehen.

»Es ist wunderschön hier oben, nicht wahr?«, bemerkte Jochen und ließ sich auf einem Felsen nieder. Anna, die neben ihm saß und den Ausblick genoss, nickte zustimmend. »Ja, das ist es. Es hat etwas Beruhigendes, einfach hier zu sitzen und zu schauen.«

Dann erzählte sie ihm von den Fortschritten, die sie in den letzten Tagen gemacht hatte. »Weißt du, ich habe bemerkt, dass ich mich viel besser fühle, wenn ich mich auf Dinge konzentriere, die mir Spaß machen«, begann sie.

»Ich habe zum Beispiel wieder angefangen zu malen. Das hat mir schon immer Freude bereitet, aber ich hatte es seit Langem nicht mehr getan. Es war fast so, als hätte ich einen Teil von mir selbst wiederentdeckt.

»Aber die Angst ist immer noch da«, fuhr sie fort, ihr Blick wurde trüb und nachdenklich. »Nachts im Bett, oder in der Schule, wenn ich alleine bin, kommen die Gedanken und die Angst zurück.«

Jochen nickte verständnisvoll. »Das ist ganz normal, Anna. Angst ist kein Schalter, den man einfach umlegen kann. Aber du bist schon auf einem guten Weg. Du hast etwas gefunden, das dir Freude bereitet und dir hilft, dich abzulenken. Das ist ein großer Schritt nach vorn.«

Anna schaute nachdenklich in die Weite, ihre Stirn in Falten gelegt. Sie schien in Gedanken versunken und platzte dann heraus: »Aber Jochen, wie soll ich etwas beeinflussen, was mir gar nicht bewusst ist? Und wie kann ich meine Instinkte trainieren, also das, was aus dem Überbewusstsein kommt?«

Sie wandte sich ihm zu, ihre Augen suchten in seinen nach Antworten. »Was ist das Überbewusstsein überhaupt?«

Jochen schaute sie an, ein Lächeln umspielte seine Lippen. »Das Überbewusstsein...«, begann er, ließ den Satz in der Luft hängen und genoss den Ausblick. Ihre Position auf dem Felsen bot einen atemberaubenden Blick auf das weite Tal und die sanften Hügel darunter, ein Meer aus Grün und Braun, durchzogen von schmalen silbernen Bändern der Bäche und Flüsse.

»Das Überbewusstsein ist etwas sehr Mächtiges, Anna. Es ist eine Art Schutzschild, das uns vor potenziellen Gefahren warnt«, sagte er ernst. »Es war vor einigen Tagen, als ich meine Schuhe anziehen wollte, und ein Impuls sagte mir, ich sollte sie erst ausklopfen, etwas, das ich sonst nie mache«, erzählte Jochen. »In einem meiner Schuhe war eine Wespenkönigin. Wäre ich einfach in meine Schuhe geschlüpft, hätte sie mich wohl gestochen. Woher wusste ich also, dass ich meine Schuhe ausklopfen musste? Ich wusste es nicht, es war einfach intuitives Handeln. Mein Überbewusstsein hatte mich beschützt. Und diese Instinkte, Anna, können wir trainieren.«

»Aber wie, Jochen?«, fragte Anna ungeduldig und zupfte an ihren Nägeln herum. »Ich meine, wenn ich auf meine innere Stimme höre, dann sagt sie mir immerzu, dass ich in Gefahr bin, dass gleich etwas ganz Schlimmes passieren wird.«

Jochen lehnte sich zurück, seine Hände hinter seinem Kopf verschränkt, sein Blick auf den Himmel gerichtet. »Es ist wie das Lauschen auf die leisen Töne einer fernen Melodie. Es erfordert Übung und Geduld, aber mit der Zeit wirst du lernen, diese Töne zu hören und zu interpretieren. Und wenn du das tust, wird dein Leben von einer unsichtbaren Hand geführt, die dich vor Gefahren schützt und dich auf den Weg des Glücks und des Erfolges führt.« Er ließ seine Worte wirken. »Woran denkst du gerade?«, fragte er.

Anna schluckte. Tränen schimmerten in ihren Augen. »Ich denke daran, dass ich vielleicht gar kein Leben mehr habe. In zehn Tagen ist der Termin beim Arzt, und wer weiß, was er mir dann sagen wird.« Unruhig begann sie, ihre Finger zu kneten.

»Was ist?«, fragte Jochen. »Tun dir deine Hände weh?«

Anna nickte. Tränen kullerten ihre Wangen hinab. »Ja, da ist dieses komische Kribbeln, dieses Taubheitsgefühl. Mir macht das solche Angst, Jochen.«

Jochen lächelte sanft. »Weißt du, Anna«, sagte er. »Es geht hier um die Verbindung deiner Gedanken zu deiner inneren Stimme, deinem Gefühl. Der erschaffende Gedanke ist in Verbindung mit unserem Inneren, unserem Gefühl, der inneren Stimme. Dieses Innere in dir wandelt deine Gedanken in Schwingungen um. Durch positive Gedanken haben deine Schwingungen eine hohe Frequenz, durch negative Gedanken eine niedrige Frequenz. Je höher die Frequenz ist, um so positiver wird auch das Ergebnis deiner Gedanken sein, und je niedriger die Frequenz, umso negativer das Ergebnis deiner Gedanken. Diese Schwingungen wirken sich auch auf deinen Körper aus, denn diese niedrigen Schwingungen machen dich krank und schwach. Deshalb ist es wichtig, deine Frequenz hochzuhalten. Eine hohe Frequenz macht dich wieder gesund, hält dich fit und gibt dir unglaublich viel Lebensenergie. Wenn du Angst hast, immer nur Angst, dann macht das etwas mit deinem Körper.«

Anna starrte auf ihre Hände. Das Taubheitsgefühl schien nachzulassen, doch sie war sich nicht sicher, ob dem tatsächlich so war.

Jochen schaute auf die weite Landschaft vor ihnen und fing an zu erzählen. »Als mein Sohn noch klein war, habe ich immer versucht, seine Instinkte zu trainieren. Ich erinnere mich, wie wir oft zusammen die Straße überquerten. Anstatt ihm einfach zu sagen, wann er laufen sollte und wann nicht, fragte ich ihn: ›Was denkst du, wann ist der richtige Moment, um zu laufen?' Die meisten Mütter entscheiden das für ihre Kinder und nehmen ihnen so die Chance, sich mit der möglichen Gefahr auseinanderzusetzen. Aber ich wollte ihm beibringen, auf seine innere Stimme zu hören und die Situation selbst einzuschätzen.« Sein Blick ruhte auf Anna. »Was ich damit sagen will, Anna, ist, dass auch du lernen kannst, auf deine innere Stimme zu hören. Es ist kein leichter Weg, und es braucht Zeit. Aber mit Geduld und Übung kannst du lernen, deine Instinkte zu schärfen und deinem Überbewusstsein zu vertrauen.«

Anna kaute auf ihrer Unterlippe herum. Sie schien angestrengt nachzudenken, während sie auf ihre Hände starrte, so als rechnete sie damit, dass das Taubheitsgefühl gleich wieder zurückkäme.

»Worauf es ankommt, ist der erste Gedanke, deine Reaktion auf das, was dir begegnet. Du denkst vielleicht, dass du das nicht beeinflussen kannst. Aber das stimmt nicht. Lass mich dir dazu etwas aus meinem Leben erzählen. Als ich Mitte zwanzig war, verdiente ich eine Zeitlang in der Finanzbranche viel Geld. Aber dann stand ich von heute auf morgen vor dem Nichts und hatte riesengroße Probleme, finanziell und emotional, denn die Frau, in die ich unendlich verliebt war, wollte von mir nichts mehr wissen. Es war eine furchtbare Situation. Jeden Morgen suchte ich einen Grund weiterzuleben. Eines Tages kam ich nach Hause, und der Strom war abgeschaltet. Am selben Tag wurde mir auch das Telefon abgeschaltet. Ich hatte 80.000 DM Schulden. Ich versuchte, mein teures Auto zu verkaufen und wurde dabei gehörig übers Ohr gehauen.

Zum Glück bekam ich von der Versicherung noch etwas Geld für das Auto, aber im Grunde war bei mir Game Over, wie man so schön sagt. Und da traf ich eine Entscheidung. Ich entschied, wie ich mit dieser Situation umgehen wollte. Diese Freiheit nahm ich mir, statt mich von meinen Ängsten lähmen zu lassen. Ich zündete meine blaue Kerze an und sagte: ,Entweder gehst du morgen zum Sozialamt, oder du fängst an zu kämpfen.' Und ich entschied mich zu kämpfen. Ich überlegte, was ich tun konnte und welche Ressourcen ich hatte. In diesen Jahren arbeitete ich in einem Unternehmen für Abbruch- und Aushubarbeiten. Meine Aufgabe war der Umgang mit Asbest, weshalb ich einen Lehrgang über Asbestsanierung absolvierte. Mein Vorgesetzter vertraute mir immer, und ich wusste, dass ich mich auf ihn verlassen konnte. Am nächsten Tag ging ich zu ihm und sagte: ,Hey, wie sieht es aus? Ich befinde mich in dieser Situation. Ich kann nicht weiter als Angestellter arbeiten. Ich muss selbstständig sein, um meine Schulden abzuzahlen und hart zu arbeiten.' Also begann ich, als Subunternehmer für ihn zu arbeiten. Ich tauschte meinen Anzug gegen schmutzige Stiefel und ging auf die Baustelle. Ich arbeitete zwei Jahre lang von Montag bis Freitag, immer von 06:00 Uhr morgens bis abends um 18:00 Uhr. Von 17:00 Uhr bis 18:00 Uhr machte ich eine Stunde Überstunden. Das Geld für die Überstunden legte ich immer beiseite, das hatte ich mir so überlegt. Das war das Geld, das ich am Wochenende ausgab – ich brauchte es für mein Wochenendvergnügen. Ich verhandelte mit Banken, legte Geld beiseite und führte Deals bei der Bank durch. Ich habe nie Insolvenz angemeldet. Mit harter Arbeit und Disziplin gelang es mir, diese Krise abzuwenden – eine wichtige Lektion – und erwarb neues Selbstvertrauen. Meine Eltern unterstützten mich zwar in alltäglichen Dingen, aber ich schaffte es ganz allein. Das gab mir die Gewissheit, dass ich auch in Zukunft mit den Herausforderungen des Lebens fertig werden würde, und ich war bereit, nach neuen Möglichkeiten zu greifen, von denen sich mir bald eine bot. Mein Leben veränderte sich und wurde wieder besser. Das heißt nicht, dass mir nie wieder eine Krise begegnete, im Gegenteil, aber durch diese Krise wurde ich auch stärker, selbstbewusster. Ich wusste, dass ich mich auf mich selbst verlassen kann. Ich trainierte mein Bewusstsein darauf, sich nicht von falschen Ängsten in die Irre führen zu lassen, und wurde so zum Schöpfer meines Lebens.«

Anna dachte eine Weile schweigend über seine Worte nach.

Jochen war sich nicht sicher, ob sie damit etwas anfangen konnte, doch ihm war wichtig, dass Anna verstand, dass er ihr nicht einfach irgendetwas erzählte, sondern, dass er all diese Dinge selbst erlebt und erfahren hatte.

»Beim letzten Mal hast du davon gesprochen, dass es drei wichtige Formen von Bewusstsein gibt«, sagte sie schließlich. »Kannst du mir das erklären? Ich habe das nicht verstanden.«

»Aber klar«, sagte Jochen und lehnte sich wieder zurück. »Also, Anna, wenn wir über das Unterbewusstsein sprechen, denke an einen Speicherort. Dein Unterbewusstsein ist ein riesiger Speicher und zugleich wie eine Maschine, die auf deinen Befehl hin deine Wirklichkeit erzeugt. Das Unterbewusstsein spult in deinem Leben das ab, von dem du überzeugt bist, was du abgespeichert hast. Wenn etwas richtig abgespeichert ist, dann erlebst du es auch so, aber wenn etwas falsch abgespeichert ist, erlebst du es immer wieder und wieder auf die falsche Weise, fast als sei es Schicksal. Es ist aber kein Schicksal, es ist dein Unterbewusstsein.«

Anna seufzte. »Also ist das der Grund, warum bei mir immer so viel schiefgeht? Ich meine, es ist so: Wenn etwas in zwei Richtungen gehen kann, dann geht es bei mir immer schief. Da ist zum Beispiel dieser Junge bei mir in der Schule, den finde ich wirklich süß und er mich glaube ich auch, aber als er zuletzt am Schulkiosk vor mir stand und mich angelächelt hat, da habe ich etwas total Dummes gesagt, und er ist einfach weggegangen. Warum passiert mir das?«

Jochen lachte bei ihrer Erzählung. »Es gibt drei grundlegende Wege, um etwas in dein Unterbewusstsein zu bringen«, antwortete er. »Erstens: Wenn wir etwas zum ersten Mal machen und es gleich richtig machen, dann ist es positiv in deinem Unterbewusstsein verankert. Wenn du allerdings beim ersten Mal etwas falsch machst, dann ist es auch in deinem Unterbewusstsein verankert – nur eben negativ. Daher ist es wichtig zu beachten, was du denkst und wie du deine Gedanken in Handlungen umsetzt. Wenn deine Gedanken positiv sind, dann wird auch deine Handlung positiv sein. Sind deine Gedanken negativ, dann wird auch deine Handlung negativ sein. Zweitens: Wir wiederholen eine Sache siebenundzwanzig Mal. Hierbei gilt genau dasselbe. Wenn du siebenundzwanzig Mal hintereinander etwas richtig machst, ist alles gut. Machst du jedoch siebenundzwanzig Mal hintereinander etwas falsch, ist das ebenfalls in deinem Unterbewusstsein verankert – allerdings negativ. Und drittens: Wir denken beim Einschlafen oder beim Aufwachen im Bett an etwas. Und bitte, denke positiv, sonst ...«

»Ok«, unterbrach ihn Anna aufgeregt. »Ja, kann ich mir schon vorstellen. Wenn ich immer nur negativ denke, dann passiert auch nur Negatives. Das habe ich verstanden. Also muss ich mir einfach nur vorstellen, wie ich dem Jungen die richtige Antwort gebe?«

Jochen grinste. »Am besten machst du dir Gedanken über das, was du machen möchtest, wenn du zu Bett gehst, kurz vor dem Einschlafen. Man nennt das Ganze auch ‚kontemplieren‘«, fuhr er fort. »Das heißt, du stellst dir vor, wie du dich selbst siehst, wenn du etwas tust. Du kreierst in deinen Gedanken eine Geschichte, wie du sie haben möchtest, und schaust dir dabei selbst zu, wie du es für dich in deinen Vorstellungen umsetzt. So etwas mache ich gerne unter der Dusche. Da funktioniert so etwas auch, kann nur etwas teuer werden, da du für manche Situationen schon mal eine oder zwei Stunden benötigst, und Wasser kostet Geld.«

Sein Grinsen wurde noch eine Spur breiter.

Anna lachte auch. »Naja, wenn ich nicht bewusst darüber nachdenke, dann können meine Gedanken auch nicht alles kaputt machen. Bei dem Jungen zum Beispiel, da habe ich mir so oft vorgestellt, was alles schief geht, wenn er mich endlich anspricht ...«

»Siehst du«, sagte Jochen. »Und als er dich dann tatsächlich angesprochen hat, ging es auch schief. Obwohl er das vermutlich gar nicht so dramatisch wahrgenommen hat wie du.«

Anna hob eine Augenbraue. »Meinst du?«

»Da bin ich mir sicher. Ich war auch mal ein junger Mann.« Jochen zwinkerte Anna vergnügt zu.

Dann sprang er auf. »Los, komm! Wir haben noch etwas zu tun.«

Verwundert folgte Anna ihm. »Was denn?«

Vor einer Felswand blieb Jochen stehen. Die Felswand war nicht steil, mehr wie eine Reihe von Stufen.

»Jetzt klettern wir da hoch«, sagte Jochen. »Und dann erkläre ich dir, was es mit dem Überbewusstsein auf sich hat.«

Anna riss die Augen auf. »Was? Nach da oben? Das geht nicht, du weißt doch, meine Hände ...« Doch Jochen hörte sie gar nicht mehr, denn er sprang bereits leichtfüßig die Stufen nach oben. Ab und zu musste er sich mit den Händen festhalten, doch es gelang ihm problemlos. Oben legte er sich hin und wartete. Dann begann er zu sprechen: »Jetzt reden wir über das Überbewusstsein. Das Überbewusstsein ist unsere innere Stimme und wird gesteuert durch deine Intuitionen. Das ist die Seelenebene, dein Bauchgefühl ...«

»Jochen, ich kann dich doch nicht hören«, hörte er Anna jammern.

»Dann komm hoch. Es ist ganz leicht, du wirst sehen. Dein Körper weiß schon, wie er das macht, lass nur nicht zu, dass deine Gedanken dir in die Quere kommen«, sagte Jochen und setzte dann seinen Vortrag fort: »Das Überbewusstsein ist der Erfahrungsort, an dem wir auf unsere innere Stimme hören. Der Erfahrungsort unserer inneren

Stimme ist grenzenlos. Hier müssen wir nur lernen, auf unsere innere Stimme zu hören.«

»Meine innere Stimme sagt mir, dass ich das nicht kann«, jammerte Anna kläglich.

»Das ist nicht deine innere Stimme«, gab Jochen vergnügt zurück. »Das ist deine Angst, deine künstliche Angst. Vertraue einfach deinem Körper, der weiß, wie es geht. Drehe deine Gedanken leiser, die dir sagen, dass du es nicht kannst.«

Eine Weile hörte er nichts. Dann aber tauchte Annas blonder Schopf auf. Schwer atmend zog sie sich über den Absatz und ließ sich neben ihm fallen.

»Puh«, sagte sie.

»Du hast es geschafft!«, jubelte Jochen. »Ich gratuliere dir!«

Anna setzte sich auf und sah sich um. Die Aussicht von hier oben war atemberaubend. Unter ihnen erstreckte sich ein Meer aus grünen Tannen und blühenden Wiesen. In der Ferne konnten sie die Silhouette der Stadt mit ihren zahlreichen Gebäuden erkennen. Der Himmel war ein strahlendes Blau, durchbrochen von gelegentlichen flauschigen Wolken. Die Sonne tauchte das Panorama in ein warmes, goldenes Licht, die Luft war klar und frisch. Es war ein Anblick, der Annas Atem zum Stillstand brachte und gleichzeitig ihren Geist belebte.

»Das ist wunderschön.«

»Und all das hättest du verpasst, wenn du auf deine Angst gehört hättest.«

Sie seufzte tief. »Okay, aber ich verstehe das nicht. Erkläre es mir. Wie unterscheide ich denn Angst und Überbewusstsein und all das. Wenn ich Angst fühle bei einer Handlung, dann ist sie ja da. Was soll ich denn da machen?«

»Da liegst du richtig, denn wenn es um eine Handlung geht, wird sie durch deine Gedanken gesteuert. Wir befinden uns jetzt jedoch vor der Handlung. Wir befinden uns bei diesem Thema bei dem sogenannten ‚ersten Gedanken‘. Der erste Gedanke findet außerhalb unserer Gedanken statt.«

Anna hob beide Augenbrauen zum Zeichen, dass sie ihn nicht verstand.

»Ich weiß, das klingt paradox«, bestätigte Jochen. »Um es dir einfach zu erklären, ist das der Gedanke vor deinen Gedanken. Hierbei handelt es sich um ein Gefühl oder um eine Intuition, eine Art Eingebung. Hattest du so etwas schon einmal?«

»Ich bin mir nicht sicher«, gestand Anna.

»Okay, wie war das damals mit dem Auslandsjahr? Etwas hat dir doch diese Idee in den Kopf gebracht, bis die anderen dir künstliche Angst eingeredet haben, oder?«

»Ja, ich denke schon«, sagte Anna. »Ich glaube, jetzt weiß ich, was du meinst.«

»Und wie du auf eine solche Eingebung, eine solche Idee reagierst, entscheidet darüber, wie du im Anschluss damit umgehst. Bist du freudig, beginnst du mit dem Planen, sagst du ‚Ja‘? Oder fängst du an, über all das nachzudenken, was schiefgehen könnte?«

»Mmh ... Ja, du hast Recht, ich fange an, darüber nachzudenken, wieso das keine gute Idee ist.«

»Vertraue deiner inneren Stimme, vertraue deinem Gefühl!«, ermunterte sie Jochen, der entspannt an einem

Grashalm kaute. »Das Überbewusstsein sagt dir, was du in diesem Moment tun sollst, und führt dich fortwährend zu deiner nächsten, am meisten erwünschten Wachstumserfahrung. Es kann auch mal sein, dass dich eine von deinem Überbewusstsein getroffene Entscheidung in eine unangenehme Situation führt. Diese Situation ist jedoch notwendig, um dich vor anderen Gefahren zu schützen oder dich auf einen anderen Weg zu bringen, der dich in deinem Leben weiterbringt, dich aus Situation heraus zu erfahren, zu erfahren, wer du bist. Diese Entscheidungen bringen dich immer an dein eigentliches Ziel, und diese Wege sind nicht immer angenehm. Aber sie sind notwendig!«

»Okee«, sagte Anna gedehnt und zupfte nervös an etwas Gras herum. »Aber ich weiß nicht, ob ich das wirklich angenehm finde. Ich meine, ich möchte nicht in Gefahr sein, das ist ja der Punkt.«

»Das verstehe ich«, sagte Jochen. »Aber der einfachste Weg bringt dich nicht immer an dein Ziel. Manche Menschen verbringen ihr Leben lang damit, den Weg des geringsten Widerstandes zu gehen und sind im Alter unglücklich, spielen mit Selbstmordgedanken oder landen in einem Hospiz und vegetieren vor sich hin, bis sie endlich sterben dürfen, und kommen vielleicht in ihrem nächsten Leben wieder hierher und werden mit ähnlichen Herausforderungen konfrontiert, bis sie erkennen, dass es im Leben in diesem Bereich nichts geschenkt gibt. Es geht nicht darum, ein möglichst entspanntes Leben zu führen, sondern zu wachsen und sich zu entwickeln, und das passiert eben nur außerhalb der Komfortzone.«

Anna ließ ihren Blick über die Landschaft schweifen. Alle ihre Probleme, ihre Ängste und Sorgen fühlten sich weit weg an, aber sie wusste, sobald sie wieder zu Hause war, würden sie wieder über sie hereinbrechen. Der Arzttermin und die mögliche Diagnose hingen wie ein Damoklesschwert über ihr. Alles, was Jochen ihr erzählte, fühlte sich richtig an, und sie verstand mehr und mehr, was er ihr sagen wollte. Aber wie sollte ihr das im Umgang mit einer schrecklichen Krankheit oder sogar dem Tod helfen?

Sofort begann ihre Hand zu zittern, und da war wieder dieses Schwächegefühl. Anna wurde schwindelig, und sie war sich sicher, den Weg zurück nicht meistern zu können. Sie schloss die Augen und kämpfte gegen ihre Angst an – wie so oft erfolglos. Die Angst war einfach viel mächtiger.

Jochen schien zu ahnen, was in ihr vorging. »Du musst wissen, dass es innerhalb des Bewusstseins verschiedene Stufen gibt. Der Psychiater und Mystiker David Hawkins hat dazu eine Tabelle erstellt. Am unteren Ende befinden sich Gefühle wie Scham, Angst, Hoffnungslosigkeit und Resignation, weiter oben Liebe, Akzeptanz, Freude. Seiner Meinung nach befinden sich die meisten Menschen in den unteren Bereichen. Das bedeutet, das Bewusstsein der meisten Menschen wird durch negative Gedanken eingeschränkt. Doch wir alle haben die Wahl, unser Bewusstsein durch bewusstes Handeln zu erhöhen und zu befreien.«

Anna stand auf und näherte sich der Felskante. »Okay, aber weißt du, das alles fühlt sich für mich so merkwürdig an. Jetzt, in diesem Augenblick, fühle ich mich gut und stark, aber ich weiß, die Ängste werden zurückkommen.«

»Das ist ganz normal«, beruhigte Jochen sie. »Das ist kein linearer, sondern ein gradueller Prozess. Das bedeutet, dass du am Anfang immer wieder Angst und Hoffnungslosigkeit empfinden wirst, aber irgendwann immer längere Phasen von Freude und Liebe. Es gibt keinen Schalter, den du umlegen kannst. Angst und negative Gedanken sind ein Teil deines Lebens, und das schon eine ganze Weile, und die wirst du nur durch Kontinuität und entsprechende Routinen los.«

»Weißt du, wenn ich in deiner Nähe bin, ist das alles kein Problem. Aber meine Eltern ...« Sie seufzte. »Ich weiß, sie meinen es nur gut, sie möchten mich nur beschützen, aber sie sorgen dafür, dass ich immer wieder Angst fühle.«

»Versuche, die Liebe darin zu sehen«, schlug Jochen vor. »Die Liebe und die Fürsorge, die deine Eltern für dich empfinden. Aber sei dir bewusst, dass du ein eigenständiger Mensch bist und selbst für dich wählen kannst, in welcher Realität du leben möchtest. Lebe bewusst, stelle dich dem Leben und deinen Ängsten, erschaffe dich selbst jeden Tag ein Stück mehr, erkenne jeden Schicksalsschlag als eine neue Herausforderung und Möglichkeit der Veränderung, überdenke jeden negativen Gedanken! Das Leben im Jetzt ist ein Leben außerhalb künstlicher negativer Gedanken. Sei mit deinen Gedanken nicht in der Vergangenheit und sei mit deinen negativen Gedanken nicht in der Zukunft!«

Er stand auf. »Wir sollten zurückgehen«, schlug er vor, und sie traten gemeinsam den Rückweg an.

Eine Weile war nichts zu hören als ihr Atem. Jochen betrachtete Anna, während sie den Pfad hinabgingen. Sie war in Gedanken versunken, ihre Stirn in tiefe Falten gelegt. »Ist dir etwas aufgefallen, Anna?«, fragte er, seine Stimme sanft wie der Wind, der durch die nahe gelegenen Bäume wehte. Sie sah zu ihm auf, ihre Augen wie Brillanten in der untergehenden Sonne.

»Was meinst du?«

»Bezüglich der Angst«, sagte Jochen, sein Blick auf den Pfad vor ihnen gerichtet. »Hast du bemerkt, wie wenig Angst du hattest, während wir dort oben saßen und redeten? Du warst so sehr damit beschäftigt, zuzuhören und zu lernen, dass du keine Zeit hattest, dich in künstlichen Ängsten zu verlieren.« Er wandte sich ihr zu und lächelte leicht.

Anna blieb stehen, ihre Augen weiteten sich vor Überraschung. »Du hast recht«, sagte sie leise, ihre Stimme kaum mehr als ein Flüstern. »Ich hatte keine Angst.« Sie sah auf ihre Hände hinab, ihre Finger zitterten leicht. »Aber wie soll ich das ohne dich schaffen, Jochen? Was passiert, wenn ich wieder alleine bin und die Angst zurückkommt?«

In diesem Moment brach eine Welle von Panik über sie herein. Sie konnte den Gedanken nicht ertragen, eine schreckliche Diagnose zu bekommen, bevor ihr Leben überhaupt richtig begonnen hatte. Sie hatte das Gefühl zu ertrinken, von ihren eigenen Ängsten erstickt.

Jochen beobachtete sie, sein Gesichtsausdruck sanft. »Ich denke, das ist es, was dich im Grunde am meisten ängstigt, Anna«, sagte er. »Du hast noch nie wirklich eine selbstbestimmte Entscheidung getroffen. Du hast immer auf die Meinungen und Entscheidungen anderer vertraut, anstatt auf deine eigene innere Stimme zu hören.« Er sah sie aufmunternd an. »Aber weißt du was? Du bist stärker als du denkst. Und du bist fähig, deine Ängste zu überwinden und selbstbestimmte Entscheidungen zu treffen. Du musst nur den Mut haben, es zu versuchen.«

Mit diesen Worten verabschiedeten sie sich. Anna stieg zu ihrer Mutter ins Auto, und Jochen fuhr davon.

4. Kapitel:
Du bist der Schöpfer deiner Realität

Einige Tage später kamen Anna und Jochen erneut zusammen, dieses Mal am Fuße eines majestätischen Wasserfalls, der sich wie eine silberne Schleife durch die Landschaft zog. Der Ort hatte für Jochen eine besondere Bedeutung, und er hoffte, dass er auch Anna inspirieren würde.

»Was für ein wunderbarer Ort, Jochen«, sagte Anna, während sie den Wasserfall bewunderte. Das Rauschen des Wassers wirkte beruhigend auf sie, und für einen Moment schien sie ihre Ängste zu vergessen.

Jochen wandte sich zu Anna und sah sie an, eine sanfte Ruhe in seinem Blick. »Weißt du, Anna,« begann er, »für mich hat der Kontakt mit der Natur eine ganz besondere Bedeutung. Die Natur hat eine Beruhigungskraft, die unser Nervensystem reguliert und uns mit dem Hier und Jetzt verbindet.« Er beschrieb eine weite Geste, die den Wasserfall und die umgebende Landschaft einschloss. »Sie hilft uns, künstliche Angst und Stress abzubauen. Wenn wir uns unsicher fühlen oder nicht wissen, was wir tun sollen, sollten wir uns bewusst für die Natur entscheiden. Die Auswirkungen, die sie auf unser Bewusstsein hat, sind nicht zu unterschätzen. Sie erinnert uns daran, was wirklich wichtig ist und hilft uns, die Dinge klarer zu sehen.«

Sie setzten sich auf einen Felsen und ließen die Natur auf sich wirken. Nach einer Weile brach Anna das Schweigen. »Ich hab' viel nachgedacht seit unserem letzten Treffen. Aber immer wieder kommen meine Ängste hoch und blockieren mein Denken.«

Jochen nickte verständnisvoll. »Es ist okay, Angst zu haben, Anna. Angst ist ein natürlicher Teil des Lebens, und es ist normal, dass sie bei großen Entscheidungen aufkommt.«

»Ich habe Angst, eine falsche Entscheidung zu treffen. Meine Eltern wollen, dass ich den Hof übernehme, aber ich möchte eigentlich etwas Künstlerisches machen ...«

Jochen sah sie fest und nachdenklich an. »Die Frage ist nicht, was andere von dir erwarten, Anna, sondern was du willst. Nur du kannst wissen, was die richtige Entscheidung für dich ist. Deine Eltern meinen es sicher gut, aber letztlich musst du deinen eigenen Weg gehen. Es ist dein Leben.«

Anna starrte auf das Wasser, das sich seinen Weg die Felsen hinunter bahnte. Anna seufzte tief und fing an, ihre Ängste mit Jochen zu teilen. »In den letzten Tagen hatte ich wieder schreckliche Angstzustände, Jochen«, begann sie. »Ich habe meine Symptome im Internet nachgeschlagen, und jede Diagnose war schlimmer als die andere. Ich habe solche Angst, dass ich nie eine Ausbildung machen kann, weil eine schlimme Krankheit mich davon abhält.« Tränen glitzerten in ihren Augen. »An einem Tag waren die Symptome so schlimm, dass ich das Bett nicht verlassen konnte und nicht zur Schule gehen konnte. Und das war real, das war nicht nur in meinem Kopf.« Sie blickte Jochen an, ihre Augen suchten nach Verständnis und Trost.

Jochen hörte ihr aufmerksam zu, sein Gesicht zeigte keine Zeichen von Widerspruch. Als sie fertig war, lenkte er sanft ihre Aufmerksamkeit auf andere Aspekte. »Weißt du, Anna«, begann er, »Ich sehe, dass du während unserer Wanderungen kaum Symptome gezeigt hast. Das ist positiv, nicht wahr? Selbst wenn du eine schlimme Diagnose hast, zeigt das doch, dass du deine Symptome durch deine Gedanken und Handlungen beeinflussen und verbessern kannst. Selbst, wenn du eine schlimme Krankheit hast, kannst du beeinflussen, wie du damit umgehst. Du bist nicht vollkommen hilflos. Du hast mehr Kontrolle, als du glaubst.« Er lächelte aufmunternd. »Und ich bin mir sicher, ganz gleich, was der Arzt dir sagen wird, du wirst eine Ausbildung machen, und es ist gut, über diese Entscheidung nachzudenken.«

Rasch wischte sich Anna eine Träne aus dem Augenwinkel. Die Sonne brach durch die Wolken und tauchte die Szene in ein goldenes Licht. Sie wusste, dass Jochen recht hatte, aber das machte ihre Entscheidung nicht leichter. Doch vielleicht war genau das der Punkt – es sollte nicht leicht sein. Es war ihre Entscheidung, und sie musste sie selbst treffen. Sie musste ihre Ängste überwinden und das tun, was sich für sie richtig anfühlte.

»Ich habe wohl eine Menge zu bedenken«, sagte sie schließlich, ein Lächeln umspielte ihre Lippen. Aber in ihren Augen lag eine Entschlossenheit, die Jochen zuvor noch nicht bei ihr gesehen hatte, und das machte ihm Mut.

Jochen nahm einen tiefen Atemzug, bevor er mit seiner Geschichte begann. »Ich möchte dir von einer Frau erzählen, die ich kannte. Sie war Ende 30 und steckte in einer beruflichen Krise. Um alles noch schlimmer zu machen, erhielt sie die Verdachtsdiagnose Krebs – glücklicherweise unbestätigt. Sie wusste, wenn sie zuließ, dass die Angst sie beherrschte, könnte diese Diagnose möglicherweise ihre Realität werden. Also entschied sie sich, sich nicht mehr mit Ärzten auseinanderzusetzen, und begann stattdessen, die Ursachen dieser Krankheit auf der Ebene der Gedanken zu erforschen. Sie kam zu der Erkenntnis, dass sie mit der Kraft ihres Bewusstseins die Selbstheilungskräfte ihres Körpers stimulieren konnte.«

Er machte eine kurze Pause und sah Anna direkt an. »Versteh mich nicht falsch. Das soll keine Aufforderung sein, medizinische Hilfe abzulehnen. Bei dieser Frau war die Diagnose nur ein Verdacht, keine Bestätigung. Viele Jahre später stellte sich heraus, dass sich an der betroffenen Stelle etwas verkapselt hatte, was problemlos entfernt werden konnte.« Er sah ihr fest in die Augen. »Es ist deine Macht, Anna, zu entscheiden, wie du mit deinen Ängsten umgehst. Lass sie nicht deine Realität werden.«

Anna schloss die Augen und lauschte dem Rauschen des Wasserfalls. Es war ein sehr beruhigendes Geräusch, das in ihr eine sanfte Ruhe hervorrief. Das stetige Geräusch des Wassers, das auf die Felsen schlug, die friedliche Atmosphäre und die frische, feuchte Luft, die ihre Lungen füllte, beruhigten ihre angespannten Nerven. Für einen Moment schien sie all ihre Sorgen und Ängste loszulassen. In der Stille und dem Frieden der Natur fand sie einen Moment der Klarheit und des inneren Friedens. Das Geräusch des Wasserfalls war wie eine Melodie, die ihre Gedanken beruhigte und ihr half, sich auf das Hier und Jetzt zu konzentrieren.

»Anna«, begann Jochen behutsam, »um deine Ängste zu überwinden, musst du dich erst einmal mit ihnen auseinandersetzen. Ängste entstehen aus zwei Quellen. Die erste ist die natürliche Angst, die auf deinen Intuitionen und deinem Bauchgefühl basiert. Diese Angst dient deinem Schutz und hilft dir, Gefahren zu erkennen und zu vermeiden. Sie ist ein integraler Bestandteil unseres Überlebensinstinkts und nicht dein Feind. Die zweite Quelle sind die künstlichen Ängste, die von deinen Gedanken erzeugt werden. Sie entstehen aus deinen Sorgen, Befürchtungen und negativen Vorstellungen. Oftmals beruhen sie nicht auf realen Bedrohungen, sondern sind das Ergebnis von deinem Denken und deiner Interpretation von Situationen. Diese Ängste sind es, die dich in deiner selbst erschaffenen Hölle gefangen halten und dich davon abhalten, dein volles Potenzial zu entfalten. Es ist wichtig, dass du diese Unterscheidung verstehst und lernst, mit deinen Ängsten umzugehen.«

»Ich weiß aber nicht, wie«, entgegnete Anna. »Ich meine, ich höre dir zu und ich verstehe, was du mir erklärst, aber wenn es darum geht, es in meinem Leben umzusetzen, dann gelingt mir das einfach nicht.«

»Um das zu schaffen, musst du an dir arbeiten«, erklärte Jochen. »Am Anfang wird es dir schwerfallen, das ist natürlich. Du musst dich aus deiner Komfortzone herausbewegen und dich mit Dingen auseinandersetzen, die dir unangenehm sind. Aber je mehr du dich auf die Lösung deiner Ängste konzentrierst, desto mehr wird es dir Spaß machen. Du wirst eine Art Freude an der Herausforderung finden und lernen, dich selbst besser zu verstehen.« Er lächelte sie ermutigend an. »Und irgendwann, Anna, wirst du dafür dankbar sein, diese Hölle durchlebt zu haben. Denn aus dieser Erfahrung wirst du stärker hervorgehen und eine neue Perspektive auf das Leben gewinnen.«

Sein Lächeln wirkte tröstend und einladend auf Anna und sie lächelte ebenfalls, ein wenig unsicher und verlegen, aber deutlich befreiter.

»Ach«, sagte sie. »Unsere Gespräche tun mir so gut. Das ist meinen Eltern auch schon aufgefallen. Sie sagen, dass ich glücklicher wirke.«

»Die Sache mit den Ängsten ist, dass es nichts bringt, sie zu ignorieren oder zu verdrängen. Im Gegenteil, man muss sich mit ihnen auseinandersetzen und danach forschen, woher sie kommen«, fuhr Jochen fort.

»Aber woher kommen sie denn?«

»Ängste«, begann Jochen nachdenklich, »haben ihren Ursprung meist in der Vergangenheit oder in negativen Gedanken über die Zukunft. Sie sind oft das Ergebnis von früheren Erlebnissen, Traumata oder negativen Erfahrungen, die einen tiefen Eindruck hinterlassen haben. Dabei kann es sich um Ereignisse handeln, die wir selbst erlebt haben, oder um Geschichten und Erfahrungen anderer Menschen, die uns beeinflusst haben. Hinzu kommen Ängste, die aus unserer Vorstellung oder Befürchtung resultieren, dass in der Zukunft etwas Negatives passieren könnte. Diese Ängste basieren meist nicht auf tatsächlichen Bedrohungen oder Gefahren, sondern auf unseren Gedanken und Annahmen über das, was passieren könnte. Daher ist es wichtig, sich bewusst zu machen, dass unsere Ängste oft nicht der Realität entsprechen, sondern unserer eigenen Wahrnehmung und Interpretation.«

»Ja, es wiederholt sich, nicht wahr? Immer sind es meine Gedanken«, sagte Anna und fuhr sich mit der Hand nervös durch das Gesicht.

»Bist du im Schwimmbad schon einmal vom Zehn-Meter Brett gesprungen?«

»Was?«, fragte Anna. »Nein, vom Drei-Meter-Brett, und das hat schon Überwindung gekostet. Mehr habe ich mich nicht getraut.«

Zu Annas Verwunderung sagte Jochen: »Hör auf dein Gefühl und springe nicht! Wenn du dich zwingst, obwohl deine innere Stimme dagegen ist, gibst du deinem Ego die Macht über dich, und das kann schmerzhaft sein. In diesem Fall wäre Nichtspringen die beste Entscheidung. Das ist die natürliche Angst, die dich davor bewahrt, dir selbst weh zu tun. Es ist deine innere Stimme, die dir sagt, was für dich am besten ist. Und das ist der Beginn der Freundschaft mit einem Freund, der schon immer in dir gewohnt hat, dessen Stimme du jedoch nie beachtet hast, weil deine Gedanken zu manipulativ waren, um deiner inneren Stimme Gehör zu schenken.«

»Okay«, sagte Anna. »Aber was ist, wenn ich einen Fehler mache? Ich meine, davor habe ich auch furchtbare Angst: etwas falsch zu machen.«

»Viel schlimmer, als einen Fehler zu machen, ist, gar nichts zu machen. Denn dann überlässt du anderen die

Kontrolle über dein Leben. Statt selbst zu entscheiden, wird über dich entschieden – von deinen Eltern, deinen Lehrern, deinen Freunden, wem auch immer. Fehler sind unsere besten Lehrer. Fehler sind nach dem Beobachten die beste Möglichkeit für Veränderungen! Machst du einen Fehler, hast du die Möglichkeit, diesen zu analysieren und beim nächsten Mal etwas zu verändern. Regst du dich über einen Fehler zu sehr auf, beschäftigst du dich weniger damit, eine Lösung zu finden, und hast gar nichts verändert, sondern lebst immer noch in der Angst, keinen Fehler machen zu wollen! Auch hier spielt das Ego wieder eine negative Rolle.«

Sein Blick ruhte auf Anna, im Hintergrund das beruhigende Rauschen des Wasserfalls. »Kannst du erklären, wovor du am meisten Angst hast?«

»Ja«, sagte Anna sofort und sehr angespannt. »Vor Krebs zum Beispiel habe ich riesige Angst!«

Jochen nickte. »Ja, das geht vielen Menschen so, verständlicherweise. Aber man kann sich diese Angst anschauen. Ohne Krebs würden sehr viele Menschen sterben, ihr Körper würde vergiftet werden. In Zeiten, in denen es dir schlecht geht, übersäuert dein Körper, und es bilden sich Toxine. Dein Körper sammelt diese Toxine, um dich am Leben zu erhalten in Form eines Tumors. Dein Gefühl sagt dir, wenn mit dir etwas nicht stimmt. Jetzt hast du die Möglichkeit, etwas an deinem Leben zu verändern. Veränderst du nichts oder beginnst nicht zu handeln, kann dies irreparable Folgen für dich haben. Doch die Angst vor Krebs dient dir als Warnsignal, dass du etwas ändern solltest, und du lernst mit deiner Angst umzugehen. Grundsätzlich ist eine Krankheit immer eine Reaktion auf etwas, was in deinem Leben nicht stimmt. Auch hier hast du die Möglichkeit, etwas an deinem Leben zu verändern. Krankheiten sind Hilferufe deiner Seele!«

Anna nickte langsam. So hatte sie noch nie über ihre Ängste nachgedacht. Es schien so einfach und war doch so komplex.

»Es ist nicht einfach, Anna. Aber es ist möglich, und es lohnt sich. Denn wenn du dich deinen Ängsten stellst und sie überwindest, wirst du merken, dass du zu viel mehr fähig bist, als du je gedacht hast«, sagte Jochen lächelnd.

»Aber ich habe Angst zu sterben«, gestand Anna.

Jochen sah ihr tief in die Augen und lächelte sanft. »Es ist absolut normal, Angst vor dem Tod zu haben, Anna. Aber lass mich dir etwas sagen: Ich habe keine Angst vor dem Tod. Weißt du, warum?« fragte er ruhig und beruhigend. Anna schüttelte langsam den Kopf und sah ihn gespannt an.

»Ich habe keine Angst vor dem Tod, weil ich jeden Moment meines Lebens im Hier und Jetzt lebe. Ich vergeude keine Sekunde meines Daseins an unnötige Ängste oder Gedanken an eine ungewisse Zukunft. Der Tod ist nur dann beängstigend, wenn man sein Leben mit Furcht vergeudet, beispielsweise mit falschen Ängsten oder Sorgen«, erklärte Jochen. Seine Worte hallten in der stillen Natur nach und ließen Anna nachdenklich zurück. Leben ist ein kostbares Geschenk, Anna. Wir sollten es in vollen Zügen genießen und jeden Moment auskosten. Die Angst vor dem Tod verblasst, wenn wir uns auf das Leben konzentrieren und nicht auf das Ende. Es ist die Qualität unseres Lebens, die zählt, nicht die Quantität der Jahre. Und auf die Qualität deines Lebens hast du Einfluss in Form deiner Gedanken. Beobachte dich selbst. Immer, wenn ein schlechter Gedanke auftaucht, kannst du ihn korrigieren. Du kannst aufhören, in Katastrophen zu denken. Statt: Immer passiert mir nur Schlechtes, kannst du denken: Bei jedem geht mal etwas schief, das nächste Mal klappt es besser. Mache dir das zu einer Selbstverständlichkeit, schlechte Gedanken zu verbannen und der Angst nicht so viel Raum einzuräumen. Erst, wenn du verstehst, dass du keine Angst haben musst zu sterben, hast du auch keine Angst mehr zu leben, und erst dann kannst du dein Leben in vollen Zügen genießen, und die Wahrscheinlichkeit, dass dir Böses widerfährt, ist bei diesen positiven Gedanken eher gering!«

»Jochen, du musst wissen«, begann Anna mit zittriger Stimme, »es gab Zeiten, da waren meine Ängste so schlimm, dass ich ... dass ich manchmal dachte, ich will nicht mehr leben.« Sie senkte den Kopf und wartete auf seine Reaktion.

Jochen sah sie lange an, dann nickte er verständnisvoll. »Anna«, begann er sanft, »es ist nicht ungewöhnlich, dass Menschen solche Gedanken haben, wenn ihre Ängste so groß werden, dass sie ihr Leben in eine Hölle verwandeln. Wer will schon in der Hölle leben? Aber weißt du, Selbstmord ist keine Lösung. Wer sich das Leben nimmt, wird wahrscheinlich im nächsten Leben mit den gleichen Problemen konfrontiert. Probleme, meine Liebe, sind in Wirklichkeit Lektionen, die uns das Leben lehrt. Die beste Lösung ist, dein Leben aktiv zu verändern, und das beginnt bei deinen Gedanken. Die Art, wie wir denken, beeinflusst unsere Gefühle, unsere Wahrnehmung und erschafft letztendlich unsere Realität.«

Die Dämmerung brach herein, es wurde kühl, und Mücken begannen, um sie herum zu schwirren. Es war Zeit, diesen friedlichen Ort zu verlassen und zum Treffpunkt zurückzugehen. Sie hatten jedoch keine Eile, und Jochen sagte: »Es gibt ein Buch, das dir helfen könnte, einige deiner Ängste besser zu verstehen und mit ihnen umzugehen. Es heißt ‚Zuhause in Gott, Das Leben nach dem Tod‘ von Neale Donald Walsch. Ich glaube, du könntest davon profitieren.«

Anna zog die Nase kraus. »Naja, also mit Gott habe ich nicht so viel am Hut«, sagte sie.

»Das ist auch nicht nötig«, sagte Jochen lächelnd. »Dieses Buch ist für alle hilfreich, ob sie nun an Gott glauben oder nicht, denn es behandelt die grundlegenden Fragen, die wir alle uns stellen. Warum sind wir hier? Wohin gehen wir nach dem Tod? Und diese Fragen stellst du dir doch auch, oder?«

Mit diesen Worten verabschiedeten sie sich.

5. Kapitel:
Die Stimme in dir

Einige Tage waren vergangen, seitdem Anna und Jochen zum letzten Mal miteinander gesprochen hatten. An einem sonnigen Morgen fanden sie sich erneut zusammen, dieses Mal am Rande des sogenannten Märchensees. Der sanfte Wind wehte über das Wasser und spielte mit den ersten grünen Blättern an den Bäumen. Die Morgensonne tauchte den See und seine Umgebung in ein magisches, helles Licht. Der See selbst spiegelte den klaren, blauen Himmel wider, gesprenkelt mit flauschigen, weißen Wolken, die wie Zuckerwatte aussahen.

Doch Anna fiel es schwer, sich auf die Idylle dieses Ortes einzulassen.

»Jochen«, begann sie mit gedämpfter Stimme, »der Arzttermin rückt immer näher, und ich werde das Ergebnis meiner Tests und eventuell meine Diagnose erfahren. Die Symptome schwanken ständig, mal sind sie schlimmer, mal weniger intensiv, aber ich kann den Gedanken nicht abschütteln, dass ich ernsthaft krank bin.« Sie atmete tief durch. »Immer, wenn ich Angst vor etwas

Schlimmem hatte, ist es auch eingetreten. Weißt du, in der Vergangenheit habe ich erlebt, wie lähmende Angst mein Denken während Prüfungen blockiert. Ich erinnere mich, wie ich in der Schule einmal durch die Nachprüfung gefallen bin und ein ganzes Schuljahr wiederholen musste. Es war ein schreckliches Gefühl des Versagens, und seitdem frage ich mich immer, warum mir ständig schlimme Dinge passieren. Ich habe sogar angefangen, damit zu rechnen, dass mir Schlechtes widerfährt.«

»Ich kann mir sehr gut vorstellen, was in dir vorgeht«, sagte Jochen. »Ich habe dir von einer meiner Krisen erzählt, als ich Mitte zwanzig war, doch meine schlimmste Krise erlebte ich etwa zehn Jahre später, mit Mitte, Ende dreißig. Ich hatte mir ein Unternehmen aufgebaut, mit Lkw und Fahrern, doch dann kam die Finanzkrise, und es gab auf einmal lauter billige Konkurrenz aus dem EU-Ausland. Meine langjährige Beziehung scheiterte, während mein Unternehmen finanziell schwer belastet war. Mit Schulden von 435.000 Euro und abnehmendem Wert der Lkw war die Zukunft ungewiss. Doch dann erhielt ich einen Anruf von meinem Banker, der mir mitteilte, dass ich 30.000 Euro innerhalb von zwei Wochen zurückzahlen müsse, sonst würde ich als zahlungsunfähig gemeldet werden. Das war der absolute Tiefpunkt. Ich saß da und weinte und wusste absolut nicht weiter. Trotzdem gelang es mir, die Bank zu wechseln und mich von meiner Ex-Partnerin zu trennen, was mir einen neuen Aufschwung gab. Im Jahr 2011 erreichte ich meinen absoluten Tiefpunkt. Meine Ängste hatten fast gesiegt. Nach zahlreichen Untersuchungen stellte sich heraus, dass mein

Körper nicht in Ordnung war. Mein Blutbild war besorgniserregend, und ich hatte das Gefühl, dass etwas mit meinem Herz und meiner Lunge nicht stimmte. Die medizinischen Untersuchungen ergaben jedoch, dass alles in Ordnung war. In dieser Zeit traf ich einen alten Freund wieder, der auch gesundheitliche Probleme hatte, und wir begannen, uns mit Nahrungsergänzungsmitteln und alternativen Heilmethoden zu beschäftigen. Wir fingen an, unseren Körper zu reinigen, und ich nahm hochdosiertes Vitamin C und andere Nahrungsergänzungsmittel. Parallel dazu entdeckte ich Reiki, eine Behandlungsmethode, die mir half. Dieser Wendepunkt führte dazu, dass ich meinen Glauben wiederfand, den ich zuvor verloren hatte. Ich begann, viele Bücher zu lesen, die sich mit dem Unterbewusstsein beschäftigten, allen voran Neale Donald Walsh ‚Gespräche mit Gott‘. Dieses Buch veränderte buchstäblich mein Leben, deshalb lege ich es dir so sehr ans Herz. Ich erkannte, dass sowohl die Ursache als auch die Lösung für all meine Probleme in mir selbst lagen. Das war ein Durchbruch, ein wirklicher Wendepunkt in meinem Leben, den ich ohne diese massive Krise nie erreicht hätte. Die Verbindung zwischen Bewusstsein, Unterbewusstsein und Überbewusstsein war ein wichtiger Schritt in meinem Leben. Zuerst lernte ich, negative Gedanken mit dem Unterbewusstsein zu überlagern, dann fand ich den Bezug zu meiner inneren Stimme, und schließlich erlangte ich Zugang zu meiner Seelenebene und meinem Bauchgefühl. Heute höre ich bewusst auf meine innere Stimme und treffe auf dieser Grundlage Entscheidungen. Je mehr ich meiner inneren Stimme vertraue, desto besser werden die Ergebnisse. Ich suchte nach einer Antwort auf die Frage: ‚Warum sind wir hier?‘.«

Anna holte Luft. »Ich habe angefangen, in dem Buch zu lesen«, sagte sie. »Aber ich bin mir nicht sicher, ob ich alles verstehe.«

»Das ist nicht schlimm«, sagte Jochen. »Das wirst du. Ich möchte mit dir noch einmal über die Sache mit dem Bewusstsein sprechen, das Überbewusstsein und das Unterbewusstsein. Diese Zustände des Bewusstseins sind äußerst wichtig und dienen als Werkzeuge zur Kontrolle unserer Gedanken. Das, was ich bewusst tue, beeinflusst die Ebene meiner Gedanken maßgeblich. Mein Überbewusstsein gibt mir intuitive Anleitungen, um bestimmte Handlungen auszuführen. Dann betrete ich die Ebene der Gedanken und erschaffe beispielsweise ein mentales Konstrukt für ein bestimmtes Ziel. Anschließend nutze ich mein Unterbewusstsein, um dieses Ziel zu erreichen.

»Wenn wir etwas zum ersten Mal richtig machen, prägt es sich als richtig in unserem Unterbewusstsein ein. Machen wir es jedoch falsch, prägt es sich anders herum als falsch ein. Wenn wir etwas 27 Mal richtig machen, dann prägt es sich auch entsprechend ein. Machen wir es jedoch 27 Mal falsch, wird es sich ebenso einprägen. Es wird tief im Unterbewusstsein gespeichert, sodass wir nicht mehr bewusst darüber nachdenken müssen. Das bedeutet, wenn wir etwas 27 Mal bewusst und richtig tun, befreien wir uns von der Ebene der Gedanken. In diesem Fall wird das Bewusstsein benötigt, um es ins Unterbewusstsein zu bringen. Beim ersten Mal müssen wir es bewusst richtig machen, um es in unser Unterbewusstsein zu integrieren.

»Nun kommen wir zum dritten Thema: das Nachdenken auf der bewussten Ebene, das mentale Training. Hier spielen wir eine Szene durch, stellen uns vor, wie wir in diesem Moment handeln und sehen uns selbst dabei. Indem wir es einmal bewusst tun, befreien wir uns von den Gedanken, da es im Unterbewusstsein verankert ist. Wenn etwas im Unterbewusstsein verankert ist, können wir darauf zugreifen, ohne bewusst darüber nachzudenken. Es befindet sich vor oder hinter dem Bewusstsein, je nachdem, wie wir es sehen möchten. Wenn etwas in meinem Unterbewusstsein ist, dann ist es nicht intuitiv, sondern befindet sich genau dort, im Unterbewusstsein. Das ist der Ort der Speicherung. Intuitiv ist zum Beispiel etwas, was du noch nie erlebt hast. Es ist nicht in deinem Unterbewusstsein vorhanden. Und jetzt kommen wir zu deinem Gefühl. Stell dir vor, du fährst auf eine Kurve zu, um das Beispiel mit dem Motorrad aufzugreifen. Du hast diese Kurve noch nie gesehen. Du kannst nicht auf den Tacho schauen, um herauszufinden, wie schnell du durch die Kurve fahren kannst. Wer sagt dir also, wie schnell du in der Kurve fahren kannst? Dein Gefühl. In diesem Moment kannst du das nicht im Unterbewusstsein abspeichern. Das ist nur ein einfaches Beispiel, das jeder kennt. Es beginnt sogar schon, wenn du als Kind im Auto gesessen hast und der Fahrer zu schnell in eine Kurve gefahren ist. Du hast dich festgehalten. Das ist deine Intuition, deine innere Stimme, die dich in Richtung natürliche Angst lenkt. Dein Gefühl sagt dir: ‚Hey, pass auf! Das ist zu schnell.‘ Diese Intuition muss man vom Unterbewusstsein getrennt betrachten. Viele Menschen verwechseln das.«

»Ich versuche, es zu verstehen«, sagte Anna. »Aber es ist verwirrend. Weil sich meine Intuition, meine Ängste und meine innere Stimme immer noch gleich anfühlen. Ich kann sie nicht unterscheiden.«

»Okay«, sagte Jochen. Er legte eine Hand auf sein Herz. »Wenn du den Unterschied nicht mit deinen Gedanken erfassen kann, dann vertraue auf dein Herz. Folge dem, was dein Herz dir sagt. Es wird dir sagen, wann es deine Intuition ist und wann es nur deine Gedanken sind, die dich in die Irre führen. Die Intuition strebt immer nach Liebe. Der Zugang findet stets den Weg zur Liebe. Doch was ist der Weg zur Liebe? Liebe ist zunächst bedingungslos. Der Weg zur Liebe führt über Dankbarkeit und Vergebung. Und der Schlüssel zur Liebe führt über die Liebe zu sich selbst. Dies ist das zentrale Thema, mit dem wir uns alle auseinandersetzen. Viele Menschen finden jedoch nicht zu ihrer eigenen Mitte. Meiner Meinung nach ist es unmöglich, in eine Beziehung zu treten, wenn man sich selbst nicht liebt. Denn Menschen, die sich selbst nicht lieben, sind abhängig von anderen, um glücklich zu sein. Dies hat nichts mit wahrer Liebe zu tun, sondern eher mit Angst. In meinen Augen können wir erst dann einen anderen Menschen wirklich lieben, wenn wir selbst für uns glücklich sind und uns selbst lieben. Deshalb stehen diese beiden Aspekte immer in Verbindung miteinander. Doch das Spannende an der Geschichte ist: Liebe existiert nicht ohne Angst. Daher leben wir in der Dualität. Das eine kann ohne das andere nicht existieren. Und genau das sehe ich als Herausforderung an, wenn Angst in irgendeiner Form auftaucht: die Herausforderung, den Weg zu finden oder zu erkennen, wohin mich diese beängstigende Situation führt. Wenn mich jemand fragen würde, welche Aufgabe wir im Leben haben oder warum wir hier sind, würde ich antworten: Schau, du wirst immer wieder mit Situationen konfrontiert, vor denen du Angst hast. Deine Aufgabe besteht darin, diese Angst zu überwinden und Wege zu finden, um sie zu bewältigen. Je mehr Wege du findest, desto einfacher wird es in deinem Leben. Doch irgendwann musst du anfangen. Beginne damit, dich mit deinen Ängsten auseinanderzusetzen, sie anzuschauen und Wege zu finden, um sie zu überwinden. Dies geschieht vor allem durch deine Gedanken. Der Weg aus der Angst führt über deine Gedanken. Es gibt keinen anderen Weg.«

Anna nickte. »Ich habe es schon ein paar Mal geschafft, meine Gedanken zu ändern mit deinen Tipps. Gestern zum Beispiel ist mir eingefallen, dass ich eine wichtige Hausaufgabe nicht gemacht habe und habe mir vor dem Schlafengehen lauter schlimme Szenarien ausgedacht, was als Nächstes passiert, wie viel Ärger ich am nächsten Tag in der Schule bekomme, dass ich mein Abitur nicht schaffe und so weiter. Aber dann habe ich mir gesagt: ,Schluss jetzt damit! So schlimm wird es nicht kommen.'«

»Und?«, fragte Jochen. »Was ist dann passiert?«

Sie zuckte mit den Schultern. »Naja, nichts. Die Lehrerin hat gar nicht danach gefragt.«

»Also waren alle deine Sorgen unbegründet?«, hakte Jochen nach.

»Naja«, sagte Anna gedehnt. »Es hätte durchaus sein können, dass sie die Hausarbeiten einsammelt. Ganz unbegründet war das also nicht.«

Jochen lächelte. »Neunzig Prozent der Dinge, über die wir uns Sorgen machen, treten nie ein. Statistisch bewiesen! Also können wir genauso gut damit aufhören und uns erst dann mit den Dingen beschäftigen, wenn sie wirklich eintreten.« Er zwinkerte Anna zu. »Oder dafür sorgen, dass wir nicht durch unsere Gedanken dafür sorgen, dass sie Wirklichkeit werden. Der erste Schritt besteht darin, sicherzustellen, dass diese Ängste erst gar nicht entstehen. Das bedeutet, dass du durch deine Gedanken verhinderst, dass sie überhaupt Macht über dich erlangen und zu Ängsten werden. Dann kommt die nächste oder höhere Ebene, nämlich dein Überbewusstsein. Je mehr du auf dein Überbewusstsein, deine innere Stimme, deine Intuition hörst, desto weniger musst du auf der bewussten Ebene regeln.« Sie schwiegen eine Weile.

»Kennst du die Sage dieses Sees, Anna?«, fragte Jochen leise, seine Stimme so sanft wie der Wind, der durch die Blätter wehte.

Anna schüttelte den Kopf, ihre Augen fixierten den See, der so ruhig und friedlich vor ihr lag. »Nein, erzähl mir davon«, erwiderte sie gespannt.

Jochen begann, die alte Geschichte zu erzählen. »Vor langer, langer Zeit, in einer Zeit, in der die Grenzen zwischen der realen Welt und der Welt der Mythen und Märchen noch fließend waren, lebte hier in der Nähe ein junges Mädchen. Sie war so schön, dass selbst die Sterne vor Neid erblassten, doch sie war unglücklich. Sie fühlte sich eingesperrt in ihrem Leben, festgehalten in einer Realität, die sie nicht wollte. Sie sehnte sich nach Freiheit, nach Abenteuer, nach etwas, das größer war als sie selbst. Und dann, eines Tages, traf sie eine Entscheidung. Sie entschied sich, ihr Leben zu ändern. Sie wollte nicht länger das Leben führen, das ihr vorgegeben wurde. Sie wollte ihr eigenes Schicksal bestimmen. Und so stürzte sie sich in den See, nicht um zu sterben, sondern um wiedergeboren zu werden. Und weißt du, was passierte? Als sie auftauchte, war sie nicht mehr das einfache Mädchen von früher. Sie war eine Fee geworden, frei und ungebunden, in der Lage, ihr eigenes Schicksal zu bestimmen.«

Jochens Worte hallten in der klaren Morgenluft nach, während Anna die Geschichte in ihre Gedanken aufnahm. Sie sah auf den See, der plötzlich nicht mehr nur ein einfacher See war, sondern ein Ort voller Magie und Möglichkeiten.

»Ich verstehe«, sagte Anna schließlich. »Du möchtest mir sagen, dass ich auch die Macht habe, mein Leben zu ändern, genau wie das Mädchen in der Geschichte.«

Jochen nickte. »Genau. Du hast immer die Wahl, Anna. Du hast die Macht, dein Leben zu ändern. Es ist nur eine Frage der Entscheidung.

»Anna«, fuhr Jochen fort, »Ich möchte mit dir darüber sprechen, wie wir Entscheidungen treffen. Sie können auf zwei Ebenen getroffen werden: der Ebene der Gedanken und der Ebene der Gefühle. Was denkst du, welche der beiden ist die bessere Wahl?«

Anna antwortete nachdenklich: »Ich glaube, unsere Gedanken können uns manchmal in die Irre führen, besonders wenn sie von künstlicher Angst getrieben sind. Vielleicht ist es besser, auf unser Bauchgefühl zu hören.«

Jochen nickte zustimmend. »Genau, Anna. Unsere Gedanken sind oft das Ergebnis von Ängsten und Sorgen, die nicht real sind. Unsere Gefühle hingegen sind immer ehrlich zu uns. Sie zeigen uns die Wahrheit über das, was in uns vorgeht und was wir wirklich wollen. Daher ist es oft besser, auf unser Bauchgefühl zu hören, wenn wir Entscheidungen treffen.«

»Ich weiß«, sagte Anna. »An diesem Punkt waren wir schon so oft. Aber mein Bauchgefühl sagt mir doch, dass ich Angst haben soll. Also was soll ich tun?«

»Du kannst deine Gefühle über deine Gedanken ändern, Anna«, sagte Jochen. »Was, denkst du, ist das mächtigste Werkzeug, das wir in Bezug auf unsere Realität haben. Du könntest denken, es sind unsere Gefühle, aber Gefühle sind kein Werkzeug. Unser mächtigstes Werkzeug sind unsere Gedanken. Lerne, sie einzusetzen, und du kontrollierst dein Leben.«

Anna sah Jochen nachdenklich an. »Haben Gedanken denn wirklich so eine Macht?«, fragte sie. »Viele Gedanken sind ja nicht mal real.«

»Ein Gedanke hat so viel Macht über dich, wie du diesem Gedanken an Macht gibst!«, erklärte Jochen, »Positiv wie negativ. Damit hast du die Kontrolle.«

»Okay, aber Gedanken kommen und gehen, oder?«, warf Anna ein.

Jochen lächelte. »Aber du kannst lernen, deine Gedanken zu kontrollieren! Das mag einfach klingen, ist aber ein Prozess. Zu Beginn sollten wir lernen, alle negativen Gedanken zu bearbeiten. Es gibt vier Möglichkeiten dazu:

loslassen, indem wir vergeben, sie eliminieren, am besten keine negativen Gedanken produzieren und letztlich negative Gedanken in positive umwandeln.«

Er sah Anna an. »Jeder Gedanke kann im Grunde nur zwei Gefühle hervorrufen: Angst oder Liebe. Für was entscheidest du dich?«

Anna schwieg. »Naja, für die Liebe eigentlich, aber offensichtlich habe ich mich in der Vergangenheit zu oft für die Angst entschieden, ohne es zu wissen oder zu wollen.«

Jochen lächelte. »Das war nicht nur deine Entscheidung. Du hast es auch so beigebracht bekommen, von deinen Eltern, deinen Lehrern, von dieser Gesellschaft. Wir alle werden permanent mit künstlichen Ängsten gefüttert, weil sich ängstliche Menschen besser kontrollieren und lenken lassen, weil sie ihre Angst mit übermäßigem Shopping und anderen Dingen kompensieren. Also wirf dir das nicht selbst vor, sonst bist du in der nächsten Falle. Schuldgefühle helfen nicht. Wir können die Vergangenheit nicht ändern und auch nicht in die Zukunft schauen. Alles, was wir ändern können, ist der Augenblick, doch im Hier und Jetzt liegt bereits der Same für die Zukunft. Was du jetzt änderst, änderst du auch für die Zukunft. Alles hängt nur von deiner Entscheidung ab.« Jochen sah Anna nun direkt an. »Alles beginnt mit deinen Gedanken. Sie haben eine direkte Auswirkung auf dein Inneres. Durch positive Gedanken haben deine Schwingungen eine hohe Frequenz. Durch negative Gedanken haben deine Schwingungen eine niedrige Frequenz. Je höher die Frequenz ist, um so positiver wird auch das Ergebnis deiner

Gedanken sein, und je niedriger die Frequenz, umso negativer das Ergebnis deiner Gedanken. Diese niedrigen Schwingungen wirken sich auch auf deinen Körper aus, denn sie machen dich krank und schwach. Deshalb ist es wichtig, deine Frequenz hochzuhalten. Eine hohe Frequenz macht dich wieder gesund, hält dich fit und gibt dir unglaublich viel Lebensenergie. All das hängt von dir ab. Jeden Moment kannst du entscheiden, mit welcher Art von Gedanken du der Welt begegnen möchtest.«

Sie schwiegen eine Weile, während sie das Gesagte verarbeiteten und die magische Atmosphäre des Sees genossen. Die Sonne stand nun hoch am Himmel, und der See glitzerte im Licht des Tages, ein stummes Zeugnis der Macht der Entscheidung, die sich immer die Kraft des Augenblicks zunutze zu machen wusste.

»Siehst du, Anna«, begann Jochen, seine Stimme sanft wie das Plätschern des Sees, »Gefühle sind die Sprache unserer Seele. Sie helfen uns zu verstehen, was in unserem Inneren vor sich geht. Doch um die Welt um uns herum zu begreifen und zu gestalten, müssen wir auf die Ebene der Gedanken wechseln. Es ist wichtig, im Hier und Jetzt zu sein. Schuldgefühle halten uns in der Vergangenheit gefangen, Sorgen katapultieren uns in eine ungewisse Zukunft.«

Ein Schilfrohr wiegte sich langsam im Wind, als ob es den Worten Jochens zustimmte. »Angst kann eine Reaktion auf eine reale Bedrohung sein«, fuhr Jochen fort, »oder das Ergebnis unserer eigenen Gedanken. Deshalb ist es so wichtig, uns selbst genau zu beobachten und unsere Ängste zu analysieren. Was ist die Ursache? Sind es meine Gedanken? Dann muss ich meine Gedanken verändern, und das geschieht durch bewusste Veränderung und Achtsamkeit.«

Eine kleine Welle kräuselte die Oberfläche des Sees, als wollte sie das Echo seiner Worte tragen. Jochen wandte sich Anna zu. »Wie sprichst du innerlich mit dir selbst, Anna? Schimpfst du oft mit dir selbst und machst dir Vorwürfe?«

Anna fühlte sich ertappt und nickte langsam.

Jochen lächelte tröstend. »Das ist der innere Dialog, den du zuerst ändern musst. Du setzt dich damit selbst so unter Druck, dass dein Körper nur noch in die Angst flüchten kann. Du selbst bist es, die Situationen erschafft, in denen Angst die einzige Reaktionsmöglichkeit zu sein scheint. »

Anna schaute auf den See, Jochens Worte hallten in ihr nach.

»Was ist das Schlimmste, was passieren kann?«, fragte Jochen. »Wie wahrscheinlich ist es, dass das wirklich passiert? Musst du dich deswegen wirklich sorgen? Oder beraubst du dich des Augenblicks und der Möglichkeit, angemessen auf eine Situation zu reagieren? Du steigerst dich hinein und erschaffst eine Katastrophe, wo gar keine ist.«

Anna schwieg und nahm die Worte auf, während der See sanft glitzerte, ein Spiegel für ihre Gedanken und Gefühle.

Jochen schaute Anna offen an. »Wovor hast du am meisten Angst, Anna?«

Sie zögerte kurz und gestand dann: »Ich habe Angst zu versagen, etwas falsch zu machen oder meine Eltern zu enttäuschen.«

Jochen lächelte weise. »Das sind irrationale Ängste, Anna. Fehler sind Teil des Lebens, wir lernen daraus. Jeder enttäuscht seine Eltern irgendwann, und auch Scheitern kann ein mächtiger Lehrmeister sein. So war es auch in meinem Leben, und ich möchte keinen der Tiefschläge missen.«

Er sah sie liebevoll an. »Deine Ängste hindern dich daran, Erfahrungen zu machen und Selbstvertrauen zu entwickeln.«

Er lehnte sich zurück und betrachtete den See. »Pass in Zukunft genau auf deine Gedanken auf. Wenn du zum Beispiel über die Schule und deine Zukunft nachdenkst, welche Gedanken kommen dir dann?«

Anna zuckte zusammen. »Ich bekomme Panik und fühle mich überfordert. Ich habe keine Ahnung, was ich mit meinem Leben anfangen soll.«

Jochen nickte verständnisvoll. »Halt diese Gedanken sofort an und lass sie los. Denk stattdessen bewusst Positives. Stell dir zum Beispiel eine Reise vor, die du nach deinem Abschluss machen wirst, oder die Stadt, in der du gerne leben möchtest.«

Jochen hob den Finger für eine Weile und sprach weiter: »Ersetze die angstvollen Gedanken durch positive Visionen deiner Zukunft und verändere so deine Gefühle. Gedanken beeinflussen unsere Gefühle, Gefühle unsere Gedanken – das ist der Kreislauf unseres Bewusstseins, der von dem beeinflusst wird, was wir von außen wahrnehmen.« Er pausierte dann ein wenig, bevor er weiter fragte. »Welche Situationen machen dir Angst, Anna?«

Sie sah ihn an. »Ich habe Angst vor anderen Menschen. Ich vermeide Situationen, in denen ich mit Fremden sprechen muss, wie beim Arzt oder auch in Bars und Restaurants. Ich habe Angst, mich zu blamieren oder abgelehnt zu werden.«

Jochen lächelte ermunternd. »Das ist wieder eine irrationale Angst. Was wäre so schlimm daran, sich vor völlig Fremden zu blamieren? Das könnte doch auch lustig sein. Und warum sollten Fremde, die dich gar nicht kennen, dich ablehnen?«

Anna hatte darauf keine Antwort. Jochen schlug vor: »Versuche in der Zukunft, die Situation in deinem Inneren anders ablaufen zu lassen. Stell dir das Kleid vor, das du trägst, oder nimm ein spannendes Buch mit ins Wartezimmer. Verändere die Stimmung deiner Vorstellungen von bedrohlich in etwas Angenehmes, auf das du dich freuen kannst.«

Der See glitzerte im sanften Licht des Nachmittags, als Jochen hinzufügte: »Achte darauf, wie du Situationen beurteilst. Wenn du dir sagst ‚Das schaffe ich doch nie‘, dann wird es schwierig, diese absolute Aussage zu widerlegen. Aber du könntest auch sagen: ‚Ich probiere es, was habe ich schon zu verlieren?‘ Das ist eine ganz andere Frequenz als ständig unter Druck zu stehen und jede Situation als Prüfung auf Leben und Tod zu erleben.

»Also, welche Reaktion schafft wohl einen besseren Umgang mit dem Mathetest, Angst oder Liebe?« fragte Jochen und sah sie aufmerksam an.

Anna zögerte nur kurz, bevor sie antwortete: »Liebe. Mit Angst kann ich nicht gut nachdenken.«

Jochen lächelte und nickte zustimmend. »Das ist sogar wissenschaftlich bewiesen. Angst ist also nie eine gute Reaktion, vor allem nicht in Situationen, in denen es darauf ankommt, dass wir gut nachdenken können.«

Er stand von der Bank auf und streckte sich. »Du hast heute eine Menge gelernt, Anna.« Er blickte auf den See und dann wieder zu ihr. »Ich würde dich gerne noch auf eine Limonade im Biergarten einladen, bevor ich dich nach Hause bringe.« Anna stimmte zu und dachte gar nicht darüber nach, ob diese Situation ihr Angst machen könnte, was Jochen mit einem warmen Lächeln registrierte.

Während sie zusammen den Weg zum Biergarten antraten, lag der See still und leise hinter ihnen, ein Spiegel für den Himmel, der sich in den sanften Farben des Abends zeigte. Es war, als hätte die Welt sekundenlang den Atem angehalten, als ob sie die Bedeutung dieses Tages anerkennen würde.

Anna wusste, dass sie diesen Tag nie vergessen würde, den Tag, an dem sie begann, ihre Ängste zu überwinden. Und wie sie neben Jochen herging, spürte sie eine tiefe Dankbarkeit für diesen weisen Freund, der ihr gezeigt hatte, dass sie wählen konnte, ob sie ihre Welt aus der Perspektive der Angst oder der Liebe betrachtete. Als sie am Biergarten ankamen und Jochen die Tür für sie öffnete, verblasste der Himmel über ihnen langsam zu einem tiefen Blau.

6. Kapitel:
Die Macht unserer Gedanken

An einem verlassenen Ort trafen sich Anna und Jochen unter einem für die Jahreszeit ungewöhnlich grauen Himmel wieder. Sie standen vor einem alten Schafott, dessen dunkle Holzstruktur an seine düstere Vergangenheit erinnerte. Anna schauderte. Ein kalter Wind wehte, und ein Gefühl der Beklemmung erfüllte die Luft. Jochen bemerkte ihre Unruhe und sagte leise: »Anna, das hier ist ein Ort, der uns an unsere tiefste Angst erinnert – die Angst vor dem Tod.«

Er wandte sich ihr zu und sah ihr in die Augen. »Aber der Tod ist nur eine Illusion, Anna. Unsere Seele ist nicht materiell und kann deshalb nicht sterben.«

Anna zog ihre Jacke enger um sich und sah schweigend auf das Schafott. Sie stellte sich vor, welche Szenen sich an diesem Ort in früherer Zeit abgespielt haben mussten. Sie sah Bilder von Blutvergießen und Endgültigkeit vor sich, von Strafe und Sühne, von Menschen, die mit einer einzigen falschen Entscheidung ihr Leben verwirkt hatten. Ihr Atem beschleunigte sich, ihre Kehle schnürte sich zusammen. Die Angst regte sich wieder in ihr, kroch wie eine kalte Schlange ihren Rücken hinauf und ließ sie erschaudern. Ihre Gedanken drehten sich um das Unausweichliche, das Unentrinnbare, das jedem Menschen irgendwann bevorsteht. Ihr Blick haftete auf dem Schafott, und sie hörte das Echo der Schreie, die einst diesen Ort erfüllt hatten, und es fiel ihr schwer, sich auf das zu konzentrieren, was Jochen sagte.

Jochen fuhr fort: »Wir fürchten nicht den Tod selbst, sondern den Prozess des Sterbens. Dieser Ort erinnert uns genau daran.«

Sie standen eine Weile schweigend da, nur das Heulen des Windes durchbrach die bedrückende Stille.

Dann drehte sich Jochen zu Anna und sagte: »Stell dir vor, wie mächtig unsere Gedanken sind, Anna. Sobald du einen Gedanken hegst, setzt du etwas Machtvolles in Bewegung.« Er machte eine Pause und schaute in den grauen Himmel hinauf. »Dieser Gedanke wird ins Universum gesendet. Es ist der erste Schritt des Erschaffens.«

Er zeigte in den Himmel und fuhr fort: »Im Universum befindet sich so etwas wie ein Spiegel. Dieser Spiegel verleiht dem Gedanken Kraft.« Seine Worte hallten durch die kühle Luft. »Und dann wird er wieder auf die Erde zurückgesandt. Wenn der Gedanke negativ ist, ist das Ergebnis negativ. Und wenn der Gedanke positiv ist, erntest du positive Ergebnisse.«

Jochen beendete seine Rede und sah Anna ernst an. Sie schwieg, aber in ihren Augen stand eine neue Form der Erfahrung, eine Mischung aus Verständnis und Ehrfurcht. Die beiden standen da, in der Stille dieses alten Ortes, der die dunkle Seite der menschlichen Existenz repräsentierte und doch von einem tiefen Verständnis für das Leben zeugte. Der Wind ließ das alte Schafott knarren, am Himmel zeichnete sich bereits der Mond als blasse Scheibe ab.

Jochen sah Anna ernst an, seine Augen suchten die ihren. »Anna, weißt du, welchen Einfluss deine Gedanken auf dein Umfeld haben können?« fragte er, die Stimme tief und ruhig, seine Worte ein Echo in der windgepeitschten Stille. Sie sah ihn fragend an, ihre Augen weiteten sich ein wenig.

»Nimm an, du fühlst Angst um ein Kind, deinen Partner, deine Freunde oder andere Angehörige«, fuhr er fort, seine Stimme kaum mehr als ein Flüstern. »Wenn du diese Angst zulässt, sendest du einen negativen Gedanken in das Universum. Und du weißt, was passiert, wenn du negative Gedanken aussendest, nicht wahr?«

Anna nickte langsam, der Wind ließ ihr Haar wehen und brachte eine Gänsehaut auf ihrer Haut hervor. Sie verstand, dass Jochens Worte nicht leichtfertig gewählt waren.

»Das Universum spiegelt diese Negativität wider und sendet sie zurück. Oftmals manifestiert sich dann genau das, was du gefürchtet hast. Es ist, als würde dein Gedanke zur Realität.«

Über ihnen verdunkelte sich der Himmel noch mehr, als ob er Jochens düstere Worte unterstreichen wollte. Das alte Schafott knarrte erneut, als ob es unter dem Gewicht der Wahrheit ächzte, die Jochen gerade enthüllt hatte. Ein schwerer Moment der Stille hing zwischen ihnen, nur durchbrochen vom Rauschen des Windes und dem fernen Ruf einer einsamen Eule. Anna nickte langsam, und obwohl sie nicht sprach, war in ihren Augen zu lesen, dass sie verstanden hatte.

Sie atmete tief ein, ihre Augen weiteten sich vor Schreck. »Was, wenn ich schon Schaden angerichtet habe, Jochen?« Ihre Stimme war kaum mehr als ein Flüstern im Wind, und ihre Hände zitterten leicht. »Was, wenn meine negativen Gedanken bereits Realität geworden sind?«

Jochen sah ihr sanft in die Augen. »Ja, Anna, leider ist das so«, sagte er, seine Stimme ruhig und bestimmt. »Aber das Wissen darum gibt dir auch die Macht, dies zu ändern. Du darfst dich nicht sorgen, sondern musst lernen, deine Gedanken stets ins Positive zu lenken.«

Eine Träne rann über Annas Wange, verlor sich im Wind. »Aber wie?« fragte sie leise. Jochen lächelte beruhigend. »Indem du eine neue Geschichte für dich selbst erschaffst. Eine Geschichte, in der alles positiv verläuft. Du hast die Kontrolle über deine Gedanken, Anna. Benutze diese Kontrolle, um eine bessere Realität zu erschaffen.«

Der Moment verharrte, als ob die Zeit selbst innehielt, um Jochens Worte zu würdigen. Über ihnen nahm der Mond eine silberne Färbung an, und die kühle Abendluft schien die Schwere ihres Gesprächs in einen Hauch von Hoffnung zu verwandeln.

»Dein Umfeld wird es dir danken, Anna«, fügte Jochen leise hinzu, seine Augen funkelten wie Tau im Morgenlicht. »Und du wirst sehen, wie das Leben dir mit positiven Erlebnissen zurückzahlt. Vertrau mir.«

Anna nickte langsam, die Worte von Jochen brachten einen Funken Hoffnung in ihre Augen. Sie wischte ihre

Tränen weg und sah Jochen fest an. »Ich werde es versuchen«, sagte sie entschlossen. »Für mich, für mein Umfeld, für mein Leben.«

Jochen lächelte. Der Wind hatte nachgelassen, und die Stille der Nacht umfing sie wie ein beruhigendes Lied. Obwohl sie an einem Ort standen, der Tod und Vergänglichkeit symbolisierte, spürten beide ein Gefühl des Anfangs – des Anfangs einer Reise, die Anna in eine positivere Zukunft führen würde.

Ein Schauder durchfuhr Anna, als ihr ein neuer Gedanke durch den Kopf schoss. »Was ist, wenn ich durch die negativen Gedanken anderer beschädigt werde, Jochen?« Ihr Blick war voller Angst, ihre Stimme zitterte.

Jochen nickte langsam, sein Blick war ernst. »Ja, Anna, genauso ist es«, erwiderte er sanft. »Wenn jemand Angst um dich hat, kann das genauso negative Folgen haben. Deshalb solltest du darauf achten, dass dein Umfeld sich nicht um dich sorgt, sondern dir bei allem, was du tust, viel Spaß, Glück und Freude wünscht!« Er machte eine Pause, sein Blick wanderte über die kargen Ruinen des Schafotts. »Es ist auch sinnvoll, sich von negativen Menschen fernzuhalten. Umgib dich mit glücklichen Menschen. Ihre Freude wird dich anstecken und dir guttun.«

Wie auf Kommando, als hätte die Natur selbst eine dramatische Pause eingelegt, begann es plötzlich zu regnen. Zunächst nur ein paar Tropfen, die sanft auf das alte Holz des Schafotts fielen und leise auf den trockenen Boden klatschten. Doch dann, mit einer plötzlichen, fast atemberaubenden Intensität, brach ein Wolkenbruch los. Der Himmel öffnete seine Schleusen und schickte einen schweren Regenschauer herunter, der die Erde in Sekundenschnelle in einen feuchten Teppich verwandelte. Der Regen prasselte auf das Schafott, auf die alten Steine um sie herum, und bildete kleine Rinnsale, die sich durch das Gras schlängelten. Es war, als hätte die Natur selbst die Schwere der Worte gespürt, die zwischen Anna und Jochen ausgetauscht worden waren, und auf ihre eigene Weise reagiert.

Die dunklen Wolken hingen schwer am Himmel, der Regen prasselte unaufhörlich herab. Die Szene war in ein geheimnisvolles Licht getaucht, als die Sonnenstrahlen wieder die Regentropfen durchdrangen. Die Ruhe des Tages schien tief und unverrückbar, nur das leise Rauschen des Windes und das Trommeln des Regens waren zu hören.

»Lebe nicht in der Vergangenheit und auch nicht negativ in der Zukunft«, fuhr Jochen fort. »Verarbeite die negativen Ereignisse deiner Vergangenheit positiv oder lass sie los, indem du lernst zu vergeben. Jede negative Erfahrung eröffnet dir die Möglichkeit, sie für deine persönliche Entwicklung zu nutzen.«

Die Wärme seiner Worte umhüllte Anna wie ein schützender Mantel, und in ihren Augen blitzte der erste Funken von Verständnis auf. Sie standen da, zwei Gestalten im Regen, mitten in dieser alten Stätte des Todes, und sprachen über den Sinn des Lebens, über Vergangenheit und Zukunft, über Schmerz und Heilung. Und in diesem Moment, unter dem silbernen Licht des Mondes, schien alles möglich zu sein.

Sie stellten sich unter das alte halbverfallene Dach einer Wanderhütte, um dem plötzlichen Regenschauer zu entkommen. Anna ließ ihren Blick über die verlassene Stätte schweifen, ihre Augen füllten sich mit Nachdenklichkeit.

»Wenn ich über mein Leben nachdenke, wird mir so einiges klar, Jochen«, begann sie, ihre Stimme kaum mehr als ein Flüstern zwischen den Regentropfen. »Was ist mit den Menschen, die regelmäßig in die Kirche gehen? Sind das bessere Menschen, oder haben sie weniger Probleme?«

Jochen schaute sie nachdenklich an, seine Augen glänzten im Widerschein des Regens. »Der Gang zur Kirche hat keinen großen Einfluss auf dein Leben, Anna«, antwortete er sanft. »Manche Menschen haben dadurch ein besseres Gewissen, aber Weisheit fällt nicht einfach so vom Himmel. Einige dieser Menschen, die in die Kirche gehen, und viele, die nicht in die Kirche gehen, suchen ihre Kraft in Gebeten.«

Anna nickte langsam, in ihren Augen spiegelte sich das Verständnis. »Darüber habe ich mir auch schon des Öfteren Gedanken gemacht«, erwiderte sie. »Denn meine Mutter hat mit mir als Kind zum Schlafen auch immer gebetet, und das hat sich für mich als Kind auch immer gut angefühlt.«

Jochen lächelte und nickte zustimmend. »Gebete sind sehr mächtig, Anna«, sagte er voller Überzeugung. »Denn die Macht der Gebete wird durch unsere Gedanken gesteuert. Und deshalb ist jeder positive Gedanke ein Gebet.« Er drehte seinen Kopf in Richtung Himmel, als ob er seine Worte an die Sterne richtete, die hinter den dichten Wolken verborgen lagen. In diesem Moment, unter dem Prasseln des Regens und dem sanften Flüstern des Windes, schien die Welt einen stillen Atemzug zu nehmen, um den tiefen, bedeutsamen Worten zu lauschen, die zwischen ihnen ausgetauscht wurden.

Anna starrte Jochen an, ihr Gesicht spiegelte eine Mischung aus Erleichterung und Verwirrung. Der Regen hatte nachgelassen, der Himmel begann sich zu klären, die Sterne funkelten durch die dünnen Wolkenschichten hindurch.

»Ich habe immer gedacht, dass Religion und Gott und all das etwas ist, das mir Angst machen muss«, sagte sie leise. Ihre Stimme trug einen Hauch von Erleichterung in sich. »Aber was du sagst, Jochen, macht Sinn. Es nimmt diese Furcht ein bisschen weg.«

Jochen lächelte und nickte, seine Augen glänzten im schwachen Licht des Mondes. »Versteh mich nicht falsch, Anna«, erwiderte er sanft, »Religion hat ihren Platz und ihren Wert. Aber sie sollte kein Instrument der Angst sein, sondern ein Wegweiser zu einem besseren, erfüllten Leben.«

Anna wickelte ihre Arme um ihren Körper, als wollte sie sich von der Kälte des regnerischen Nachmittags schützen. Sie sah Jochen fest an und fragte: »Und was ist mit Jesus? Die Menschen beten ihn an, als sei er etwas Besonderes oder Heiliges. Macht das Sinn?«

Jochen lächelte sanft und schaute auf die nassen Steine unter ihren Füßen. »Jesus war ein besonderer Mensch, Anna«, antwortete er, »aber letztlich war er auch nur ein Mensch. Er hatte seine Stärken und Schwächen, genau wie wir alle. Was ihn besonders macht, ist nicht, dass er heilig ist, sondern dass er uns gezeigt hat, wie wir alle heilig sein können. Er hat uns gezeigt, dass die wahre Heiligkeit in uns selbst zu finden ist, nicht in anderen.«

Anna nickte langsam, als ob sie versuchte, Jochens Worte zu verstehen. Sie schaute auf ihre Hände, als ob sie in ihnen nach der Heiligkeit suchte, von der Jochen sprach. Sie sahen aus wie ganz normale Hände, aber sie fühlte, dass sie mehr waren, dass sie ein Teil von ihr waren, ein Teil von ihrer Seele, ihrer Essenz.

»Wir sind alle heilig, Anna«, sagte Jochen leise, »wir müssen nur lernen, es zu sehen.« Die Worte hingen in der kühlen Luft, schwebten zwischen ihnen wie ein Versprechen, ein Licht am Ende des Tunnels. Sie standen da, zwei Gestalten im Regen, mitten in den Ruinen einer alten Hinrichtungsstätte, und sprachen über Heiligkeit, über Leben und Tod, über Hoffnung und Verzweiflung. Und in diesem Moment, unter dem Prasseln des Regens und dem sanften Flüstern des Windes, schien alles möglich zu sein.

Anna blickte Jochen unter zusammengezogenen Brauen an, die Regentropfen auf ihrer Stirn glitzerten im schwachen Mondlicht. »Aber wieso wird uns dann beigebracht, uns vor Gott zu fürchten?« Ihre Stimme war leise, beinahe verloren im Rauschen des Regens und dem Flüstern des Windes.

Jochen seufzte. Seine Haare waren vom Regen dunkel und glänzend, seine tiefliegenden Augen schienen fast zu glühen. »Um den Menschen Angst zu machen, Anna«, antwortete er sanft. »Um dich in Abhängigkeit zu bringen, um dich zu kontrollieren. Denn wer Angst macht, hat Macht über diejenigen, die es zulassen.«

Annas Augen weiteten sich. Sie schaute ihn an, ihre Hände zitterten leicht. »Aber ich möchte nicht kontrolliert werden, Jochen. Wie soll ich dann wissen, was richtig und was falsch ist? Mir fehlen noch die Erfahrungen.«

Jochen lächelte sanft und legte eine Hand auf ihre Schulter. »Tu keinem etwas an, das du dir nicht selbst antun würdest, Anna. Denn was du anderen tust, tust du dir selbst. Das Leben ist ein Spiegel deines Selbst. Stell dir vor, alle Menschen würden diesem Grundsatz folgen. Dann bräuchten wir kaum noch Gesetze und keine Gebote mehr. Dieser Grundsatz würde sämtliche Zehn Gebote aus der Bibel beinhalten.«

Anna blinzelte, als ob sie versuchte, seine Worte zu verdauen. »Das heißt also, ich habe immer die freie Wahl, zu tun, was ich will. Es sei denn, ich selbst würde das nicht wollen?«

Jochen nickte ernst. »Genau, Anna. Aber das bedeutet auch, dass du die Verantwortung für dein Leben übernimmst. Du kannst niemandem mehr die Schuld geben, wenn etwas schief geht. Du musst dafür einstehen. Doch mit dieser Verantwortung geht eine unglaubliche Freiheit einher. Die Freiheit, dein eigenes Leben so zu gestalten, wie du es für richtig hältst. Dieses Leben muss für niemanden sonst richtig sein, nur für dich selbst, solange du die goldene Regel beherzigst, niemandem etwas anzutun, das du nicht selbst erleben möchtest.«

Anna starrte in den Regen, ihre Augen reflektierten das Mondlicht aus der Pfütze. »Ich muss darüber nachdenken«, flüsterte sie. »Das ist das genaue Gegenteil von dem, was man mir beigebracht hat. Dass ich immer brav gehorchen und das tun soll, was man mir sagt.«

Jochens Augen waren warm und verständnisvoll. »Das ist ein fremdbestimmtes Leben, Anna«, sagte er leise. »Ohne Kontakt zu dir selbst, und das führt auf direktem Wege in Unglück, Krankheit und Angst. Als Erwachsene müssen wir Verantwortung für unser Leben übernehmen und es selbst gestalten. Wir können niemandem mehr die Schuld geben, wenn etwas schief geht.«

Sie standen da, umgeben von den Überresten einer alten Welt, und sprachen über eine neue. Eine neue Welt, die Anna mit ihren Gedanken erschaffen konnte, eine Welt ohne Angst, voller Vertrauen und Liebe, ohne Mangel, sondern in der Fülle ihres Schöpferdaseins.

Anna starrte auf die Umgebung, die Ruinen unter den grauen Wolken, die einmal ein Ort des Todes und der Verzweiflung gewesen waren. Sie spürte eine Welle von Mitgefühl und Trauer für diejenigen, die hier ihr Leben auf so schreckliche Weise verloren hatten. Aber sie spürte auch etwas anderes, etwas Neues – ihr Herz war nicht länger von Angst erfüllt. Sie blickte zurück auf Jochen, ihr Blick entschlossen und klar.

»Mein Leben hat noch gar nicht richtig begonnen, Jochen«, sagte sie mit fester Stimme. »Ich bin die Einzige, die entscheiden kann, was passiert. Ich werde mich nicht länger von der Angst leiten lassen, ich werde keine Zeit mehr damit verschwenden, so zu sein, wie andere es von mir erwarten.« Ihre Worte hallten in der Stille der alten Ruinen wider, eine Erklärung der Unabhängigkeit und Freiheit, die sie nun für sich selbst beanspruchte. Und während sie dort stand, im Schein des fahlen Lichts, schien der Ort seinen Schrecken verloren zu haben, verwandelt durch ihre neuen Erkenntnisse und ihre neu gewonnene Stärke.

Jochen sah Anna an, seine blauen Augen glänzten im schwindenden Regenlicht. »Anna«, begann er, »du musst zur Schöpferin deines Lebens werden. Nur du kannst Verantwortung für deine eigenen Gedanken und Entscheidungen übernehmen. Es ist eine große Aufgabe, aber ich glaube an dich.«

Annas Augen leuchteten auf, ihr Gesicht spiegelte eine Mischung aus Ehrfurcht und Mut wider. »Ich will das, Jochen. Ich möchte nicht wieder zurück in das Gefängnis der Angst. Ich bin bereit«, erwiderte sie fest.

Der Regen ließ allmählich nach, die feuchte Luft war von einem Hauch von Frische und Erneuerung erfüllt. Sie standen auf und gingen schweigend nebeneinander her, beide in ihre Gedanken vertieft.

Der Weg nach Hause führte sie durch die Überreste einer alten Welt, eine stille Erinnerung an Vergänglichkeit und Tod. Doch in diesem Moment spürten sie beide eine tiefe Verbundenheit mit dem Leben selbst, eine Wertschätzung für die Gegenwart, die ihnen die Vergänglichkeit erst ermöglicht hatte. Die Straßen waren leer, und die Stille wurde nur durch das sanfte Plätschern der letzten Regentropfen auf den Gehwegplatten unterbrochen. Anna blickte auf, der Himmel klarte auf, und die Sterne begannen, sich durch die dünnen Regenwolken hindurch zu zeigen. Sie fühlte ein tiefes Gefühl der Ruhe und des Friedens in sich.

»Das Leben ist kurz, wir haben keine Zeit zu verschwenden, es so zu leben, wie andere es wollen. Es ist unser Leben, und wir allein wissen, wie man es lebt. Wir müssen uns nur selbst vertrauen«, murmelte sie leise vor sich hin.

Jochen nickte zustimmend, und sie gingen weiter, tiefer in die Nacht hinein, jede Sekunde ihres Lebens bewusst lebend und schätzend.

7. Kapitel:
Vergebung als Akt der Liebe zu uns selbst

Die Morgensonne schien auf Annas Gesicht, als sie an diesem Tag erwachte. Der Himmel war klar und blau, die Vögel zwitscherten fröhlich in den Bäumen um sie herum. Doch das Mädchen konnte die innere Unruhe und Aufregung nicht ignorieren. Heute stand die schwierigste Wanderung an. Sie würden zu einer Schlucht mit einem Wasserfall wandern, einem Ort, der gute Kondition und Kletterfähigkeiten verlangte.

»Ich bin so nervös, Jochen«, gestand Anna, während sie ihre Wanderschuhe zuband.

Jochen sah sie mit einem beruhigenden Lächeln an. »Das ist normal, Anna. Es ist eine Herausforderung, aber ich weiß, dass du es schaffen kannst.«

Sie machten sich auf den Weg, den steilen Pfad zur Schlucht hinauf. Der Weg war schmal und holprig, gesäumt von hohen Bäumen und Sträuchern. Der Duft von nassen Blättern und feuchter Erde hing in der Luft. Anna atmete tief ein und versuchte, ihre Nervosität zu kontrollieren. Sie erinnerte sich an das, was Jochen ihr beigebracht hatte. Sie schloss ihre Augen und visualisierte den Weg, den sie vor sich hatte. Sie stellte sich vor, wie sie die steilen Wege hinaufkletterte, den Wasserfall erreichte und die atemberaubende Aussicht genoss.

»Es ist alles eine Frage der Einstellung, Anna«, sagte Jochen. »Wenn du glaubst, dass du es schaffen kannst, dann wirst du es auch tun.«

Anna nickte, ihre Aufregung verwandelte sich allmählich in Entschlossenheit. Sie nahm alle Geräusche um sie herum wahr, das Zwitschern der Vögel, das Plätschern des nahen Baches, das Knirschen der Blätter unter ihren Füßen. Sie nahm die Schönheit ihrer Umgebung in sich auf und ließ sie ihre Nerven beruhigen.

Auf dem steilen Weg nach oben begann Jochen eine Geschichte zu erzählen. »Es gab einmal ein junges Mädchen, das Motorrad fuhr. Eines Tages wurde sie Zeugin eines Frontalunfalls, und diese Szene ließ sie nicht mehr los. Sie hatte panische Angst, ihr könnte das Gleiche passieren. Also trainierten wir zusammen, sich bei einem solchen Unfall über das Auto hinweg abzurollen. Und tatsächlich, eines Tages kam es zu einer solchen Situation. Aber weil sie im Unterbewusstsein abgespeichert hatte, was sie tun musste, rollte sie sich über das Auto ab und kam unverletzt davon. So mächtig ist das Unterbewusstsein«, erläuterte Jochen mit ruhiger Stimme.

Anna lauschte aufmerksam, während sie den kühlen, feuchten Waldboden unter ihren Wanderschuhen spürte und das Rauschen des nahen Wasserfalls in ihren Ohren hallte.

»Jochen«, begann sie leise, als ob sie Angst hätte, die friedliche Stille des Waldes zu zerstören. »Es gibt da etwas, das mich schon lange beschäftigt. Es geht um die Liebe.«

Sie schaute auf ihre Füße und fuhr dann fort: »Ich habe das Gefühl, dass es in der Liebe oft nur um Äußerlichkeiten, um Status und darum geht, was der andere für einen tun kann. Und das kann ich nicht akzeptieren. Ich habe Angst, nicht gut genug zu sein. Ich bin schon seit einiger Zeit in einen Jungen verliebt, aber ich habe Angst vor der Reaktion meiner Eltern. Was ist, wenn sie ihn nicht mögen? Was dann?«

Jochen lauschte aufmerksam, während die untergehende Sonne den Wald in ein goldenes Licht tauchte und die Schatten länger wurden. Der Wald schien zu lauschen, die Vögel waren still und auch der Wind schien seine Atemzüge anzuhalten, während Anna ihre Ängste und Sorgen offenbarte.

Als sie die Schlucht erreichten, nahmen sie eine kurze Pause, um die Aussicht zu genießen. Der Wasserfall plätscherte in der Ferne, sein Grollen ein stetiges Hintergrundgeräusch. Anna blickte hinunter, der Anblick war atemberaubend. Sie fühlte eine Welle von Ehrfurcht und Freude, gemischt mit einem Hauch von Nervosität. Doch sie wusste, dass sie bereit war. Sie war bereit, sich der Herausforderung zu stellen und ihre Ängste zu überwinden. Mit einem tiefen Atemzug trat sie vor und begann ihre Wanderung in die Tiefe der Schlucht.

»Anna,« begann Jochen behutsam, während er in den endlosen Himmel über ihnen blickte, der von den Farben des Sonnenuntergangs in Rot und Gold getaucht war. »Was glaubst du, was Liebe ist?«

Sie schwieg einen Moment, ihre Stirn in Falten gelegt, und dachte über seine Frage nach. »Ich weiß es nicht genau«, antwortete sie schließlich. »Ich habe immer gedacht, Liebe sei ein Gefühl der Verbundenheit. Eine Art Seelenverwandtschaft.«

Jochen nickte nachdenklich, aber dann schüttelte er leicht den Kopf. »Das ist eine weit verbreitete Annahme«, sagte er. »Aber in Wirklichkeit ist Liebe so viel mehr. Liebe ist alles, außer Angst. Sie ist unbegrenzt und frei. Der Weg zur Liebe führt über Dankbarkeit und Vergebung. Und der Schlüssel zur Liebe ist die Liebe zu dir selbst.«

Anna schaute ihn überrascht an. Sie hatte Liebe noch nie von dieser Seite betrachtet. »Aber was ist mit der Angst vor Verlust, Zurückweisung oder Enttäuschung?«, fragte sie. »Das sind doch ganz normale Gefühle, die in einer Beziehung entstehen, oder nicht?«

Jochen sah sie voller Mitgefühl an. »Ja, das sind normale Gefühle«, sagte er. »Aber sie gehören nicht zur Liebe. Sie gehören zur Angst. Und wie ich schon gesagt habe, in der Liebe hat Angst keinen Platz. Beziehungen, die auf Bedingungen basieren, sind meist zum Scheitern verurteilt. Erst wenn du dein Leben so lebst, dass du in deinem Leben keinen anderen Menschen brauchst, um glücklich zu sein, bist du auch bereit, eine glückliche Beziehung zu führen. Liebe beginnt mit der Selbstliebe, denn nur, wenn ich mich selbst liebe, kann ich auch jemand anderen lieben und ihm Fürsorge schenken.«

Anna lauschte aufmerksam, während die Worte von Jochen in ihr nachhallten. Sie schaute auf die untergehende Sonne, die den Himmel in ein tiefes Rot tauchte und die Schatten der Bäume lang und dunkel auf den Waldboden warf. Sie fühlte eine tiefe Stille in sich und eine neue Erkenntnis. Liebe war nicht das, was sie immer gedacht hatte. Sie war so viel mehr. Sie war bedingungslos und frei. Und sie begann mit der Liebe zu sich selbst. Doch auf einmal packte sie erneut jähe Angst.

»Aber«, fragte sie. »Wie liebt man sich selbst denn? Ich habe keine Ahnung, wie man das macht!«

»Anna,« begann Jochen, seine Stimme klang sanft in der immer kühler werdenden Abendluft. »Stell dir vor, du stehst jeden Morgen vor dem Spiegel und sagst ‚Danke‘. Du bedankst dich für alles, was du hast, für alles, was du erleben durftest und sogar für die Herausforderungen, denn sie haben dich zu der Person gemacht, die du heute bist. Du bedankst dich auch für die Dinge, die in dein Leben kommen werden, als ob sie schon da wären. Das ist die Macht der Dankbarkeit.«

Während er sprach, legte sich eine friedliche Stille über die beiden, nur unterbrochen durch das sanfte Plätschern des Wasserfalls in der Ferne. Anna nahm seine Worte in sich auf, versuchte, jede Bedeutung zu erfassen und sich vorzustellen, wie es wäre, diese Praxis in ihr tägliches Leben zu integrieren.

»Und dann ist da noch die Vergebung«, fuhr Jochen fort. »Es gibt drei Aspekte der Vergebung. Du kannst anderen vergeben, was sie dir angetan haben. Andere können dir vergeben, was du ihnen angetan hast. Und das Wichtigste von allem: Du kannst dir selbst vergeben, was du anderen angetan hast. Das ist die wahre Kraft der Vergebung. Hierfür empfehle ich dir das Buch ‚Die 12 Schritte der Vergebung‘ von Paul Ferrini. Es führt dich durch jeden Schritt und hilft dir zu verstehen, wie du diese mächtige Praxis in dein Leben integrieren kannst.«

Er machte eine kurze Pause, um Anna Zeit zum Nachdenken zu geben. Während sie die Worte in sich aufnahm, spürte sie eine tiefe Bewegung in sich. Sie hatte nie wirklich verstanden, was Vergebung bedeutete, geschweige denn, wie sie es in ihr Leben integrieren könnte.

»Die ‚12 Schritte der Vergebung‘ von Paul Ferrini sind wie eine Karte, die dir den Weg zur Selbstannahme und Selbstliebe zeigt. Der erste Schritt ist die Bereitschaft, deine Wunden zu heilen und Vergebung zu üben. Der zweite besteht darin, die Verantwortung für deine Gefühle und Reaktionen zu übernehmen. Der dritte Schritt ermutigt dich, deine Ängste und Abwehrmechanismen zu erkennen und loszulassen«, erklärte Jochen. »Der vierte Schritt ist die Bereitschaft, dir selbst und anderen zu vergeben. Der fünfte Schritt betrifft das Loslassen von Wut und Ressentiments. Er fordert dich auf, Frieden mit der Vergangenheit zu schließen. Der sechste Schritt geht über das Loslassen hinaus und lädt dich ein, die Vergangenheit als Lehrmeister zu sehen. Im siebten Schritt lernst du, dich selbst zu lieben und dich mit Unterstützung und Fürsorge zu umgeben. Der achte Schritt lehrt dich, in der Gegenwart zu leben und Ängste vor der Zukunft loszulassen. Der neunte Schritt ist die Erkenntnis, dass wir alle miteinander verbunden sind, und fördert das Mitgefühl für andere.

Im zehnten Schritt lernst du, dich selbst zu ehren und auf deine innere Stimme zu hören. Im elften Schritt öffnest du dich für spirituelle Unterstützung und leistest einen Beitrag zur Heilung der Welt. Und schließlich, im zwölften Schritt, lebst du diese Prinzipien, indem du jeden Tag bewusst Vergebung übst und Liebe aussendest. Jeder dieser Schritte ist eine Übung in sich und erfordert Zeit und Geduld. Aber ich verspreche dir, Anna, es lohnt sich.«

Anna nickte, ein wenig verunsichert. Jochen sah ihr an, dass sie mit diesen Worten nicht wirklich etwas anfangen konnte.

»Verstehst du, Anna«, begann Jochen, seine Stimme in der zunehmend kühleren Abendluft noch sanfter als zuvor, »Vergebung ist nicht nur für die Person, die dir Unrecht getan hat. Sie ist vor allem für dich selbst. Wenn wir Groll gegen jemanden hegen, senden wir schlechte Frequenzen in unseren Körper und in unsere Umgebung aus. Das zieht nur weitere Streitigkeiten und Konflikte an. Schuldgefühle sind wie ein unsichtbarer Klebstoff, der uns an die Person bindet, der wir die Schuld zuschieben. Das macht uns zu Gefangenen unserer vergangenen Fehler. Wir vergeben anderen nicht, um ihnen einen Gefallen zu tun, sondern um uns selbst die Freiheit zu geben. Vorwürfe bringen uns nicht weiter, sie halten nur den Groll lebendig und lassen keinen Raum für Heilung.«

Anna schaute nachdenklich in die untergehende Sonne. »Aber wie vergibt man jemandem, der einem wirklich wehgetan hat?«, fragte sie.

Jochen sah sie an, seine Augen im schwindenden Licht weich. »Du könntest einen Brief an diese Person schreiben«, schlug er vor. »Lass alles raus, was du fühlst, und beende den Brief mit Vergebung. Du musst den Brief nicht abschicken. Du kannst ihn stattdessen verbrennen und damit die Schuld auflösen. Vergebung, Anna, ist ein Akt der Selbstliebe.«

Die letzten Sonnenstrahlen verblassten, während Anna Jochens Worte auf sich wirken ließ. In der Dunkelheit des Waldes fühlte sie zum ersten Mal die Möglichkeit einer tiefen Heilung – und vielleicht sogar die Freiheit, die mit der Vergebung kommen könnte. Auch in ihrem Leben gab es einige Menschen, mit denen sie keine guten Erinnerungen verband. Doch Anna hat noch eine andere, wichtige Frage. »Was ist Selbstliebe?«, fragte sie schließlich leise, fast unsicher.

Jochen lächelte und sah sie direkt an. »Selbstliebe«, begann er, »ist die wichtigste Liebe von allen. Sie bedeutet, sich selbst zu respektieren, sich um sich selbst zu kümmern und vor allem, sich selbst zu akzeptieren, genauso, wie man ist. Wenn du dich selbst liebst, kannst du auch andere lieben, denn Liebe beginnt immer bei dir selbst.«

Mit diesen Worten lehnte er sich zurück und schaute zum Himmel hinauf, wo die ersten Sterne in der Dämmerung zu blinken begannen. Anna saß da, in Gedanken versunken, und spürte, wie die Worte in ihr nachhallten. Sie hatte das Gefühl, gerade eine Tür zu einer neuen Welt geöffnet zu haben, einer Welt, in der sie sich selbst und andere auf eine Art und Weise lieben konnte, die sie sich nie hätte vorstellen können.

»Jochen,« sagte Anna leise, ihre Augen auf das funkelnde Sternenlicht gerichtet, das durch das dichte Blätterdach drang. »Ich werde es versuchen. Ich werde versuchen, Menschen zu lieben, ohne Bedingungen zu stellen, ohne Erwartungen.« Sie spürte, wie Jochens Blick auf ihr ruhte, ermutigend und voller Stärke.

»Das ist ein großer Schritt, Anna,« sagte er sanft, seine Stimme war ein leiser Klang in der tiefschwarzen Nacht. »Im Grunde geht es nur darum, zu lernen loszulassen. Loszulassen von Kontrolle, von Erwartungen, von der Angst vor Zurückweisung. Liebe ist frei, sie stellt keine Bedingungen, sie erwartet nichts im Gegenzug. Und das Wichtigste ist, dass du dich selbst liebst, bevor du versuchst, andere zu lieben.«

Anna nickte, ihre Gedanken wanderten durch die Dunkelheit, sie spürte, wie sich ihr Herz mit Hoffnung füllte. Die Sonne war noch nicht ganz untergegangen, doch schon funkelten die Sterne hoch oben in der endlosen Weite.

»Anna,« begann Jochen, »Ich möchte dir eine Geschichte erzählen. Es ist die Geschichte eines Paares, das sehr verliebt war. Sie schienen perfekt zueinander zu passen, sie teilten Interessen, Werte und Träume. Sie schufen Momente voller Freude und Leichtigkeit und versprachen, einander durch alle Stürme des Lebens zu tragen. Doch trotz der ursprünglichen Liebe und Harmonie waren sie von Ängsten geplagt. Sie fürchteten den Verlust, sie fürchteten die Zurückweisung, sie fürchteten die Enttäuschung. Diese Ängste wurden zu einem Bollwerk, das die Liebe schließlich erstickte. Sie trennten sich, obwohl die Liebe zwischen ihnen noch immer stark war. Die Angst hatte ihre Liebe besiegt.«

Er machte eine kurze Pause und sah Anna an. »Aber weißt du, Anna,« setzte er fort, »Liebe hat eine unglaubliche

Kraft. Sie hat die Kraft, Wunden zu heilen und Dinge richtigzustellen, die schiefgelaufen sind. Sie kann Unmögliches möglich machen, sogar die tiefsten Ängste überwinden. Der Schlüssel dazu ist Vertrauen. Vertrauen in die Liebe und in ihre Fähigkeit, Heilung und Harmonie zu bringen. Man muss bereit sein, sich der Liebe voll und ganz hinzugeben, sogar in Zeiten des Zweifels und der Unsicherheit. Liebe kann nur dann ihre Magie entfalten, wenn wir bereit sind, ihr den Raum zu geben, den sie braucht, um zu wachsen und zu gedeihen. Liebe benötigt Vertrauen, um Ängste zu überwinden und uns in eine Welt der Freiheit und des Friedens zu führen.«

»Ich war noch nie verliebt«, gestand Anna. Sie zögerte, ihre Augen waren auf den Boden gerichtet, als sie ihre nächsten Worte wählte. »Ich habe auch Angst davor.« Sie sah auf und blickte Jochen direkt an, in ihren Augen ein Schimmer von Ungewissheit und Furcht.

Jochen nickte verstehend und lächelte sanft. Er wollte etwas sagen, doch bevor er das tun konnte, blickte Anna zum Himmel und stand auf.

»Es wird spät«, sagte sie leise. »Wir sollten zurückgehen.« Ohne auf eine Antwort zu warten, machte sie sich auf den Weg, Jochen folgte ihr schweigend, seine Gedanken waren bei den Worten, die sie soeben ausgesprochen hatte. Sie gingen den Pfad entlang, der sie zurück zum Lager führte, ihre Schritte von den sanften Geräuschen der Nacht begleitet.

Ihre Füße trugen sie sicher über die steinigen Wege und durch die dichten Wälder. Auf dem Weg zurück durch den dunklen Wald breitete sich eine tiefe Dunkelheit aus, die nur von dem spärlichen Sternenlicht durchbrochen wurde, das durch die Bäume schimmerte. Anna spürte, wie eine Welle von Angst sie überrollte. Ihr Herz schlug schneller und sie bemerkte, dass ihre Hände feucht wurden. »Ich ... Ich kann das nicht, Jochen. Es ist zu dunkel, ich kann den Weg nicht sehen«, flüsterte sie mit zitternder ihre Stimme.

Jochen blieb stehen. Sein Gesicht war kaum sichtbar, nur seine Umrisse zeichneten sich im schwachen Mondlicht ab. »Anna«, sagte er beruhigend, »es ist nur die Dunkelheit, die dir Angst macht. Deine Augen werden sich an das Licht gewöhnen. Es ist nur eine Frage der Zeit. Und deine Füße kennen den Weg. Sie werden dich sicher führen, auch wenn du den Weg nicht siehst.« Er legte seine Hand auf ihre Schulter, ein fester, beruhigender Druck. »Du musst nur vertrauen, Anna. Vertraue dir selbst, vertraue deinen Sinnen.«

Mit diesen Worten setzten sie ihren Weg fort, langsam und vorsichtig, während sich Annas Augen langsam an die Dunkelheit gewöhnten. Sie fühlte, wie ihre Angst nachließ, wie die Dunkelheit weniger bedrohlich wurde. Und als sie schließlich das Licht am Ende des Waldes sahen, fühlte sie sich stärker und mutiger als je zuvor.

Jochen machte sie darauf aufmerksam, wie ruhig und sicher sie sich jetzt bewegte, wie ihre Angst nachgelassen hatte und ihre Symptome verschwanden, je mehr sie wanderte und kletterte.

»Siehst du, Anna?« sagte er leise, sein Blick fest auf den Weg vor ihnen gerichtet. »Du hast die Möglichkeit, jede Herausforderung zu überwinden. Aber du darfst dich nicht von deiner Angst beherrschen lassen. Angst lässt den Körper erkranken und hält ihn in diesem Zustand fest. Aber wenn du deine Angst überwindest, wenn du loslässt und dich der Liebe öffnest, dann wirst du gesund.«

Sie nickte, tief bewegt von seinen Worten, und spürte eine tiefgreifende Veränderung in sich. Sie wusste, dass der Weg nicht einfach sein würde, aber sie hatte den Mut, ihn zu gehen. Und das war der erste Schritt.

8. Kapitel:
Jenseits der Angst

An einem kühlen Morgen, als die ersten Sonnenstrahlen durch das Blätterdach des Waldes schimmerten, trafen sich Jochen und Anna zum letzten Mal an ihrem ganz besonderen Ort. Es war ein versteckter Aussichtspunkt, den sie entdeckt hatten – mitten im Wald gelegen und umgeben von majestätischen Bäumen. Von diesem Ort aus hatten sie einen atemberaubenden Blick auf das Tal, das sich vor ihnen erstreckte. Es war ein Ort der Ruhe und des Friedens, an dem sie ihre Gedanken sammeln konnten.

Die Wangen der beiden glühten vor Freude und Aufregung, als sie sich trafen. Anna hatte in den letzten Tagen einen großen Schritt gewagt. Sie hatte den Jungen, den sie aus ihrer Schule kannte, endlich angesprochen und sie waren miteinander ausgegangen. Anna hatte sich unsterblich in ihn verliebt und konnte ihr Glück kaum fassen. Ihr Mut, der durch Jochens ermutigende Worte geweckt worden war, hatte ihr geholfen, das Richtige zu tun.

»Wow«, sagte Anna glücklich, »es ist unglaublich. Ich habe es tatsächlich getan. Ich habe den Mut aufgebracht, ihn anzusprechen, und wir haben uns ineinander verliebt.« Ihre Wangen strahlten vor Glück, als sie daran dachte, wie schön der gestrige Abend gewesen war. Endlich wurden ihre sehnsüchtigsten Träume wahr, und das alles nur, weil sie endlich bereit war, Entscheidungen zu treffen und sich etwas zu trauen. Anna fühlte sich, als könnte sie schweben, als ob sie die ganze Welt umarmen könnte.

Doch während sie durch den dichten Wald zogen, kehrte ihre Sorge zurück. Die leuchtenden Grüntöne der Bäume, das sanfte Rauschen des Windes und das entfernte Zwitschern der Vögel bildeten einen starken Kontrast zu Annas innerer Unruhe. Die Gedanken an den bevorstehenden Arzttermin, bei dem sie ihre Diagnose erhalten sollte, ließen sie zittern. Könnte es sein, dass sie wirklich an einer schweren Krankheit wie MS litt? Die Ungewissheit nagte an ihr und ließ ihre Schritte schwerer werden.

»Ich habe Angst«, flüsterte sie leise mit zitternder Stimme. »Ich habe solche Angst. Angst vor der Diagnose. Sobald ich daran denke, fühle ich, wie die Symptome zurückkommen.« Ihre Augen füllten sich mit Tränen, die langsam ihren Wangen hinunterliefen.

Jochen antwortete nicht sofort. Er stand da, den Blick auf die Schönheit der Natur gerichtet, sichtlich in Gedanken versunken. Dann drehte er sich zu ihr um und sah sie mit seinen ruhigen, sanften Augen an.

»Anna«, begann Jochen mit sanfter Stimme, »um deine Ängste zu lösen, musst du sie zunächst anerkennen. Was du verleugnest, hält an; was du erkennst, das verblasst. Es verliert seine illusorische Form. Du siehst es als das, was ‚IST‘. Und was IST, kann immer verändert werden. Wenn du Veränderung wünschst, dann musst du in das IST eintauchen. Meinst du, dass ich der Angst ins Auge sehen sollte? Ja, denn wenn du deinen Blick von der Angst abwendest, kannst du sie nicht lösen. Um die Ängste zu lösen, musst du sie konfrontieren, dich mit ihnen auseinandersetzen und Lösungen finden.«

Er machte eine Pause und sah Anna direkt an. »Und wie mache ich den ersten Schritt? Durch Veränderung. Indem du deinem schlimmsten Feind vergibst. Ich gehe sogar noch einen Schritt weiter. Sei dankbar dafür, dass er dich hierhergeführt hat, denn ohne ihn hättest du diesen Schritt vielleicht nie gewagt!«

Anna biss sich auf die Lippe. »Ich weiß nicht, ob ich das kann. Dankbar dafür sein, dass uns jemand weh getan hat? Das klingt ein bisschen krass.«

Er schüttelte den Kopf. »Ich erwarte nichts von dir, Anna. Es ist in Ordnung, solange du nur nicht den Fehler begehst, andere zu den Schuldigen an deinem Leben zu machen und ihnen damit eine Rolle zuweist, die ihnen nicht gehört. Es geht nur darum, ob du die Chance erkennst oder ob du weiter blind durch dein Leben gehst.«

»Das klingt alles so anstrengend, Jochen«, murmelte Anna.

Jochen nickte. »Am Anfang mag es vielleicht so scheinen, Anna. Aber es ist nicht anstrengend. Im Gegenteil, wenn du einmal die Prozesse erkannt und in dein Leben integriert hast, wird es immer leichter und dein Leben wird dir immer mehr Freude bereiten. Du wirst dann Menschen anziehen, die ähnlich denken, und du wirst dich mit glücklichen Menschen umgeben, denen es genauso ergangen ist wie dir.

»Glaubst du, dass es noch mehr Menschen gibt, denen es so geht wie mir?«

Jochen nickte ernst. »Ich kann dir sagen, dass genau jetzt die Mehrheit der Menschen in ihrer eigenen Angst-Hölle gefangen ist und keinen Ausweg findet.«

»Du hast recht, Jochen«, gab Anna nachdenklich zu, »Ich fühle, dass die meisten Menschen, die ich kenne, in irgendeiner Form von Angst gefangen sind. Und du glaubst, dass ich helfen kann, sie daraus zu befreien?«

Jochen nickte und lächelte. »Ja, Anna. Aber du solltest wissen, dass du nicht aktiv helfen kannst. Jeder Mensch kann sich nur selbst helfen. Du kannst nur den Weg zeigen, genau wie ich es getan habe.«

Die Sonne strahlte durch das Blätterdach des Waldes, als sie ihren Weg fortsetzten. Die Vögel zwitscherten fröhlich, während Anna und Jochen tiefer in den Wald eintauchten. Es war ein Weg des Wachstums und der Selbstfindung, den sie gemeinsam beschritten. Und wer weiß, vielleicht würden sie noch viele weitere Menschen auf ihrem Weg der Befreiung von Ängsten und Sorgen inspirieren.

Anna überlegte kurz und sortierte ihre Gedanken. »Also, wenn ich dich richtig verstehe«, begann sie zögernd, »bin ich nur der Wegweiser für diese Leute, so wie du es für mich warst?«

Jochen nickte mit einem breiten Lächeln. »Genau, Anna. So ist es. Du zeigst den Weg, aber jeder muss ihn selbst gehen.« Die Worte hallten in der Stille nach, und Anna konnte Jochens Worte in ihrem Inneren spüren.

In der Stille, die folgte, betrachtete Anna ihren Freund und konnte nicht anders, als sich zu fragen, was das

Schlimmste war, das ihr wegen ihrer Angst passieren könnte. Ihre Augen wanderten zu den Bäumen, die sie umgaben,
und sie spürte einen Hauch von Kühle auf ihrer Haut.
Schließlich kam ein leises Flüstern über ihre Lippen: »Das
Schlimmste, was mir passieren könnte ist, dass ich mich
von meiner Angst lähmen lasse, dass ich aufhöre zu leben.«
Ein tiefer Seufzer entwich ihrer Brust, während sie den
Mut in sich aufkeimen spürte. »Aber ich will das nicht. Ich
will mutig sein und mein Leben leben.«

Jochen lächelte ihr zustimmend zu und nickte. »Sehr
gut, Anna. Jetzt musst du nur noch lernen, wie du deine
negativen Ängste in positive Gedanken umwandeln
kannst. Du musst anfangen, dir vorzustellen, wie du
willst, dass dein Leben ist, und das dann Schritt für
Schritt umsetzen.«

Anna schaute ihn neugierig an und fragte: »Wie mache
ich das? Wie kann ich beginnen, meine Ängste in positive
Gedanken umzuwandeln?«

Ein sanftes Lächeln zog sich über Jochens Gesicht, als er
Anna seine Weisheit teilte. »Es ist einfacher, als du
denkst, Anna«, begann er. »Stellen wir uns zum Beispiel
vor, jemand kommt auf dich zu, vor dem du Angst hast.
Du könntest dir einfach vorstellen, dass diese Person gar
nicht böse ist. Du könntest dir vorstellen, dass sie freund-
lich und verständnisvoll ist. Das wäre ein guter Anfang.«

Anna lächelte leicht, während sie Jochens Worte in sich
aufnahm. »Das klingt einfach«, sagte sie. »Aber wie kann
ich sicher sein, dass es funktioniert? Wie kann ich sicher
sein, dass meine Gedanken meine Realität verändern
können?«

Jochen lächelte zurück. »Nun, Anna, das wirst du nie wissen, bis du es versuchst«, erklärte er sanft. »Aber ich kann dir versichern, dass es funktioniert. Ich habe es selbst erlebt. Und ich habe viele andere gesehen, die ihre Realität durch ihre Gedanken verändert haben.«

Anna spürte eine Wärme in ihrem Inneren, als sie Jochens Worte hörte. »Gut«, sagte sie schließlich. »Ich werde es versuchen. Ich werde versuchen, meine Ängste in positive Gedanken zu verwandeln.« Sie lächelte Jochen dankbar an. »Danke, Jochen. Du hast mir wirklich geholfen.«

Jochen drückte Annas Hand sanft und erwiderte: »Gern geschehen, Anna. Und denke daran, du bist nie allein auf diesem Weg. Ich bin immer hier, um dich zu unterstützen.«

Anna fühlte sich von Jochens Gegenwart gestärkt und wusste, dass sie sich auf ihn verlassen konnte. Gemeinsam würden sie den Weg gehen, ihre Ängste überwinden und ihre Realität positiv gestalten.

Bevor sie den Parkplatz wieder erreichten, blieb Anna stehen und richtete eine eindringliche Bitte an Jochen. »Meinst du, wir können uns morgen vor dem Arzttermin noch einmal treffen? Ich befürchte, dass ich morgen gegen die Angst verlieren werde.«

»Aber natürlich«, versprach Jochen.

Mit diesen Worten verabschiedeten sie sich.

9. Kapitel:
Angst ist Illusion, Liebe ist Wahrheit

In den frühen Morgenstunden, als der Himmel zart von der Morgendämmerung geküsst wurde und die ersten Sonnenstrahlen langsam durch die Baumkronen drangen, trafen sich Anna und Jochen auf ihrer Parkbank. Die Bäume standen majestätisch da, ihre Blätter raschelten sanft im leichten Morgentau, und die Luft war erfüllt von einem magischen Flair, das die Sinne betörte.

Anna wirkte müde und abgespannt, ihre Augenringe zeugten von einer schlaflosen Nacht, und ihre Hände zitterten leicht vor Aufregung. Sie war von Unsicherheit erfüllt, während ihre Gedanken wild durcheinanderwirbelten – ganz anders als das fröhliche und lebhafte Mädchen, das Jochen zu kennen glaubte.

Jochen und Anna setzten sich auf die Parkbank, und Anna gestand ihm mit zitternder Stimme, dass sie fast verrückt vor Angst sei. Jochen blieb ruhig und versuchte sie zu beruhigen.

»Angst«, erklärte er ihr, »ist nur ein Zustand, Anna. Aber du bist nicht dein Zustand.« Er forderte sie auf, ihre

Angst und ihre Reaktion darauf zu beobachten, sie zu verstehen. »Was löst die Angst aus? Wann hast du diese Angst zum ersten Mal gespürt? Hat dir diese Angst irgendwann einmal geholfen, oder war sie nützlich für dich? Wieso ist diese Angst bei dir? Gibt es eine Entscheidung, die du nicht treffen möchtest und vor der du dich in die künstliche Angst flüchtest? Lässt du zu, dass andere über dein Leben bestimmen und dir Ängste suggerieren, oder übernimmst du die volle Verantwortung für die Gestaltung deines Lebens?« Jochens Worte hallten in der Stille des Morgens wider.

Er erinnerte Anna daran, dass ihr Leben gerade erst begonnen hatte. Die Fülle an Möglichkeiten, die vor ihr lagen, konnte Angst machen, und vielleicht hatte sie deshalb diese Symptome entwickelt. Aber er war sich sicher, dass sie nicht krank war. Sie brauchte nur den Mut, ihren Ängsten ins Auge zu sehen und Verantwortung für ihr eigenes Leben zu übernehmen.

»Um ehrlich zu sein, habe ich keine Ahnung, wie das geht«, gestand Anna. »Und du hast Recht, ein Teil von mir wäre fast dankbar, wenn ich jetzt diese schlimme Diagnose bekäme, denn dann kann niemand mehr etwas von mir erwarten. Dann muss ich kein Abitur machen oder studieren, dann kann ich einfach sein und werde geliebt.«

Jochens Augen blickten durchdringend in die Annas. »Das«, sagte er mit Nachdruck, »ist eine enorm wichtige Erkenntnis, Anna.« Seine Stimme durchbrach die friedliche Stille des Morgens und schien die Vögel in den Bäumen zum Schweigen zu bringen. »Es geht, wie so oft, um Liebe.« Er machte eine Pause und sein Blick wurde noch intensiver. »Du hast Angst, nicht genug zu sein, nicht geliebt zu werden, wenn du nichts leistest. Du tust dich schwer, Fürsorge anzunehmen und für dich selbst zu sorgen. Du hast tiefe Selbstzweifel und das Gefühl, dass alle anderen besser sind als du.«

Seine Worte hingen in der kühlen Morgenluft, und Anna spürte, wie ihre Augen sich mit Tränen füllten.

Jochen ergriff ihre Hand, und seine Stimme wurde sanfter. »Aus diesen Gedanken resultiert die Angst, und aus der Angst die Symptome und aus den Symptomen neue Angst. Doch nichts davon ist real, Anna. Es sind nur Konstrukte deiner Gedanken.« Die Sonnenstrahlen, die durch die Baumkronen fielen, tanzten auf seiner Haut und ließen seine Augen in einem hellen Blau erstrahlen. Er strahlte eine Ruhe und Sicherheit aus, die sich auf Anna zu übertragen schien. Sie spürte, wie eine schwere Last von ihren Schultern genommen wurde und ein Gefühl von Hoffnung in ihr aufkeimte. Sie wusste, dass sie einen langen und schwierigen Weg vor sich hatte, aber mit Jochens Hilfe glaubte sie daran, dass sie ihn meistern konnte.

»Konzentriere dich auf das Gefühl der Erleichterung, das du empfinden wirst, wenn du erfährst, dass du keine schlimme Krankheit hast.«

Mit diesen beruhigenden Worten verabschiedete sich Jochen von Anna, die nun alleine den Weg zu ihrem Arzttermin antrat.

Als die goldene Abenddämmerung langsam hereinbrach und die tiefrote Sonne gemächlich hinter dem Horizont verschwand, saßen Anna und Jochen viele Stunden später auf der gleichen vertrauten Parkbank. Es war genau die Bank, auf der sie sich vor langer Zeit zum ersten Mal begegnet waren, als das Schicksal sie zusammenführte. Der sanfte Wind trug den Duft von frisch gemähtem Gras und wilden Blumen mit sich, der die Luft mit Erinnerungen erfüllte.

Die letzten warmen Strahlen des Tages tauchten die Umgebung in ein magisches Licht, das sich auf ihre Gesichter legte und ihre Augen zum Leuchten brachte. Anna strahlte vor Glück und Erleichterung, während sie von den Ergebnissen der langen Untersuchungen sprach. Fröhlich erklärte sie, dass die Ärzte nichts Ernstes festgestellt hatten und ihr empfohlen hatten, eine psychosomatische Kur zu machen. Doch jetzt wusste sie, dass ihre Symptome eng mit ihrer Angst verbunden waren. In ihren Augen lag ein Funken Entschlossenheit und innere Stärke, denn sie hatte gelernt, sich ihrer Angst zu stellen und sie zu überwinden. Dieser Moment würde ein bedeutender Meilenstein in ihrem Leben sein und sie auf ihrem Weg begleiten.

Ein warmes Lächeln erhellte Jochens Gesicht, als er Anna ansah. Er konnte kaum den Stolz verbergen, den er für Anna empfand, für ihre Tapferkeit und ihre Fähigkeit, ihre Ängste zu überwinden. Anna blickte zu ihm auf, ihre Augen erfüllt von tiefer Dankbarkeit.

Mit einer herzlichen Umarmung bedankte sie sich aufrichtig und von ganzem Herzen für seine Unterstützung auf ihrem Weg der Heilung. Während die letzten Sonnenstrahlen langsam am Horizont verschwanden, begannen am Nachthimmel die Sterne zu funkeln. In dieser angenehmen Stille saßen sie noch eine Weile und ließen ihren Blick über die friedliche Szenerie schweifen, die sich vor ihnen ausbreitete. Es war der Beginn eines neuen Kapitels in Annas Leben, und sie war bereit, es mit Mut, Zuversicht und einem noch tieferen Verständnis für sich selbst zu betreten.

Eine Weile saßen sie so still beieinander, zwei Menschen, die ein Stück ihres Wegs gemeinsam gegangen waren. Die Sterne über ihnen schienen heller zu leuchten, als ob sie die besondere Bedeutung dieses Moments erkannten. Die Nacht umgab sie mit einer Aura der Magie und des Neuanfangs. Während sie auf der Bank saßen, spürten sie die Energie des Universums, die sie umgab und ihnen das Gefühl gab, dass alles möglich war. Die Stille wurde nur von entfernten Geräuschen der Natur unterbrochen – dem Rascheln der Blätter im Wind und dem Zwitschern der Vögel.

Nachdenklich lehnte Anna sich auf der Bank zurück und eröffnete ein neues Thema. »Jochen,«, begann sie, »manchmal frage ich mich, wieso wir auf diese Welt kommen, ohne jegliches Wissen, ohne irgendeine Vorbereitung. Wieso ist es so schwierig, dieses Wissen zu erwerben? Wieso können wir überhaupt künstliche Ängste entwickeln? Ist das nicht beängstigend?« Sie machte eine Pause und sah Jochen direkt in die Augen. »Das bedeutet doch, dass wir mit unserem freien Willen und unseren Gedanken jederzeit alles kaputt machen können, ohne dass uns das wirklich bewusst ist. Das macht mir Angst.«

Jochen lächelte, eine tiefe Weisheit in seinen Augen. »Anna, das ist eine sehr gute Frage. Du weißt bereits, dass wir als Menschen drei Ebenen des Bewusstseins haben –

das Bewusste, das Unterbewusste und das Überbewusste. Das Bewusste ist unser tägliches Ich, es denkt und entscheidet. Es ist der Kapitän unseres Schiffes. Das Unterbewusste ist unser innerer Computer, es speichert alles, was wir erleben, und steuert unsere Gefühle und unser Verhalten, oft, ohne dass wir es merken. Und das Überbewusste ist unsere Verbindung zum Universum, zur Schöpfung, es ist die Quelle unserer Intuition und Inspiration.«

Er pausierte, um sicherzugehen, dass Anna folgen konnte, bevor er fortfuhr. »Die meisten von uns sind nicht darin geschult, diese drei Ebenen des Bewusstseins miteinander zu verbinden und zu harmonisieren. Oft lassen wir uns von Ängsten und Sorgen dominieren, die unsere Gedanken und unser Unterbewusstsein erzeugt. Diese Ängste sind Illusionen, sie sind nicht real. Aber weil wir sie für real halten, machen sie uns unglücklich und krank.«

Er sah Anna an und fuhr fort. »Die gute Nachricht ist, dass wir lernen können, mit unserem Unterbewusstsein und unserem Überbewusstsein zu kommunizieren. Wir können lernen, unsere Ängste zu überwinden und unsere Gedanken und Gefühle in eine positive Richtung zu lenken. Anstatt Illusionen zu folgen, die uns unglücklich machen, können wir Ideen und Visionen entwickeln, die uns Freude, Gesundheit und Erfüllung bringen.«

Jochen lächelte sanft und fuhr nachdenklich fort: »Anna, dieser Prozess ist niemals abgeschlossen. Wir sind nie ganz frei von Illusionen, aber genau das ist das Geheimnis des Lebens – uns immer mehr und mehr der Wahrheit über uns selbst anzunähern.«

Anna sah ihn verwirrt an, sie verstand nicht, was er damit meinte.

Mit einem beruhigenden Blick fing Jochen an zu erklären. »Alles Leben ist letztlich eine Selbsterfahrung. Wenn wir die Welt verstehen wollen, müssen wir zuerst uns selbst verstehen, wie Wissenschaftler, die ein Phänomen beobachten und interpretieren. Das ist das Geheimnis, Anna.«

»Also, mein Papa sagt immer, dass es nicht gesund ist, sich zu viel mit sich selbst zu beschäftigen«, entgegnete Anna.

»Aber womit sollen wir uns denn sonst beschäftigen, Anna?«, fragte Jochen zurück. »Du musst wissen, dass wir nichts in dieser Welt ändern können, außer uns selbst. Und das hört nie auf! Auch ich lerne immer noch und entdecke dabei Fantastisches, etwa, wie unsere Gedanken unseren Körper beeinflussen. Das hast du selbst auch gerade erlebt – unsere Gedanken lassen unseren Körper Krankheitssymptome simulieren. Erkennst du nicht, wie viel Macht deine Gedanken haben?«

Ein schwaches Lächeln huschte über Annas Gesicht. »Ich habe das dank dir verstanden, Jochen«, sagte sie leise, ihre Augen strahlten ein neues Bewusstsein und Verständnis aus. »Mir war nicht bewusst, wie stark die Macht meiner Gedanken ist, wie sehr sie mein Leben beeinflussen.«

Jochen nickte, seine Augen strahlten Wärme und Weisheit aus. »Anna«, begann er, »du kannst die Macht deiner Gedanken ganz bewusst einsetzen. Wenn du dich statt auf das Scheitern auf den Erfolg konzentrierst, statt auf die Krankheit auf schöne Momente, statt auf die Angst auf das freudige Erleben im Augenblick, dann wirst du sehen, wie sich dein Leben zum Positiven verändert. Es ist alles eine Frage der Aufmerksamkeit, des im Moment seins.«

Er machte eine kurze Pause, um seine Worte wirken zu lassen. »Das ist eine wichtige Frage, die wir uns zwischendurch immer wieder stellen können: Wie sehr bin ich im Moment? Wo ist meine Aufmerksamkeit? Worüber denke ich ständig nach und mache es so unbewusst zu einem großen Thema in meinem Leben?«

Der Abend war friedlich und die Luft lau. Anna sah Jochen ernst an. »Jochen, gibt es etwas, wovor du Angst hast?« fragte sie.

Er nickte und sah in die Ferne. »Ja, das gibt es, Anna. Aber ich denke nicht darüber nach. Denn wenn ich das tue, gebe ich diesem Gedanken Macht und Energie und mache ihn dadurch erst möglich. Wir sollten über das, was uns Angst macht, möglichst wenig nachdenken.« Er machte eine Pause und schaute Anna an. »Worüber wir nachdenken können, ist, wieso uns das Angst macht. Wieso haben wir das Gefühl, dass uns von dort eine Gefahr droht? Ist diese Gefahr real? Oder wurde mir von anderen eingeredet, dass da eine Gefahr ist, bis ich es selbst geglaubt habe? Führe ich mich selbst in die Irre?«

Jochen machte eine Pause und schaute in den sternenklaren Himmel. »Das Schöne ist, dass wir uns zwar mit unseren Gedanken selbst hinters Licht führen können, doch durch Anschauung der Welt und Nachdenken können wir uns auch selbst daraus befreien. Das ist das Schöne an unserem Bewusstsein und macht uns zu Erschaffern unserer eigenen Wirklichkeit. Wir haben jederzeit die Wahl, wie wir den Moment, den wir gerade erleben, gestalten wollen. Und darin liegen Magie und Poesie, denn dieser Augenblick kehrt nie zurück, unsere Entscheidung bleibt für immer, zugleich können wir sie schon im nächsten Moment verändern und etwas völlig Neues erschaffen.«

Die Worte hingen in der kühlen Nachtluft, bevor sie von der sanften Brise fortgetragen wurden. Sie saßen still da, in dieser friedlichen Dunkelheit, und ließen Jochens Worte auf sich wirken.

Der Mond leuchtete hell am Himmel und tauchte alles in ein sanftes Licht. Anna sah zu Jochen auf, ihr Blick voller Interesse und Entschlossenheit. Sie war bereit, diese neue Reise zu beginnen, um ihr eigenes Bewusstsein besser zu verstehen und zu nutzen. Mit der Hoffnung und dem Vertrauen in ihren Herzen saßen sie noch eine Weile da, unter dem sternenklaren Himmel, und tauschten Gedanken und Ideen aus. Es war ein Moment der Verbindung und des Erkennens, ein Moment, der den Beginn eines neuen Lebensabschnitts markierte.

Als die Nacht voranschritt und der Mond hoch am Himmel thronte, fühlten sich Anna und Jochen von einer tiefen Verbundenheit erfüllt.

In dieser einen magischen Nacht auf der Parkbank, umgeben von der Schönheit der Natur, begannen Anna und Jochen ein neues Kapitel in ihrem Leben. Sie waren bereit, den Weg gemeinsam zu gehen und sich den Höhen und Tiefen des Lebens zu stellen. Gemeinsam würden sie Abenteuer erleben, Träume verwirklichen und sich gegenseitig unterstützen und stärken.

Und so saßen sie noch eine Weile auf der Bank, nahmen die Wärme der Nacht in sich auf und genossen den Anbruch einer neuen Ära in ihrem Leben.

10. Kapitel:
Die Widerstandskräfte unserer Seele stärken

Einige Monate waren seit jenem bahnbrechenden Gespräch auf der Parkbank vergangen. Der Herbst hatte Einzug gehalten, die Blätter verloren ihre strahlenden Farben. An einem gemütlichen Herbstabend trafen sich Jochen und Anna in ihrer Lieblings-Pizzeria. Die Fenster waren beschlagen, und draußen tanzten die Blätter im Wind. Das warme Licht und der Duft von frisch gebackener Pizza hüllten sie ein und ließen die Kälte draußen vergessen. Jochen schaute Anna über den Tisch hinweg an und fragte: »Wie ist es dir in der letzten Zeit ergangen, Anna?«

Mit einem strahlenden Lächeln erzählte Anna von ihren jüngsten Erfolgen. »Ich habe meinen Führerschein bestanden, was für mich ein großer Schritt war. In der Schule läuft es auch gut, und ich bin immer noch mit meinem Schwarm zusammen.« Ihre Augen leuchteten vor Freude, und sie schien fröhlicher und entspannter als je zuvor.

Jochen nickte anerkennend und lenkte das Gespräch auf ein wichtiges Thema. »Anna, es ist großartig zu sehen, wie gut es dir geht. Ich möchte mit dir über etwas sprechen, das besonders wichtig ist, wenn man Ängste und Herausforderungen im Leben bewältigen muss. Es geht um Resilienz.«

Anna schaute ihn neugierig an und Jochen fuhr fort. »Resilienz ist so etwas wie die Widerstandskraft der Seele, eine Art psychische Immunabwehr. Sie hilft uns, schwierige Situationen zu bewältigen und daran zu wachsen. Auch wenn wir nicht immer beeinflussen können, was uns im Leben widerfährt, haben wir dennoch die Entscheidungsmacht darüber, wie wir damit umgehen.«

»Anna«, sagte Jochen sanft, »du musst verstehen, dass Stillstand in Wirklichkeit eine Illusion ist. Veränderung ist die einzige Konstante im Leben. Wenn wir uns selbst vertrauen, können wir diese Veränderung nicht nur akzeptieren, sondern auch aktiv gestalten. Wenn wir jedoch Zweifel haben, macht uns die Veränderung Angst.«

Anna schaute ihn nachdenklich an. »Aber wie kann ich weiter an meinem Selbstvertrauen arbeiten?«, fragte sie.

Jochen lächelte sie an und sagte: »Selbstvertrauen hat viel mit Wissen über sich selbst zu tun. Es ist hilfreich, wenn man ehrlich beantworten kann, welche Stärken und Schwächen man hat. Doch statt sich auf die Schwächen zu konzentrieren, solltest du versuchen, der größte Fan von dir selbst zu werden. Sprich dir selbst Mut zu, lobe dich, tröste dich und erkenne deine eigenen Fähigkeiten an. Selbstvertrauen entsteht, wenn du eine Situation bereits mental durchgespielt hast, so wie wir es getan haben, bei einem Bewerbungsgespräch oder einer wichtigen Prüfung. Wenn du in der Situation nervös wirst und nicht mehr klar denken kannst, kann dein Unterbewusstsein auf diese trainierte Routine zurückgreifen und sie einfach ausführen. Deshalb ist es sinnvoll, schwierige Situationen im Vorfeld immer wieder durchzuspielen, bis du die Angst vor ihnen verlierst und dir selbst vertraust, die Situation zu meistern.« Er sah Anna fragend an. »Gibt es noch Situationen, die du vermeidest oder die dir Angst machen?«

Anna antwortete, dass sie sich immer noch nicht traute, vor vielen Menschen zu sprechen. Ihre mündliche Abiturprüfung bereitete ihr große Angst, und schon bei Referaten bekam sie schwitzige Hände und brachte kein klares Wort mehr heraus.

Jochen nickte und sagte: »Das ist ein gutes Beispiel. Du könntest diese Situation üben, indem du dir immer wieder vorstellst, vor vielen Menschen zu sprechen. Diese Angst ist keine natürliche Angst – es geht nicht um Leben und Tod – sondern eine soziale Angst, die aus der Angst vor Kritik und Ablehnung entsteht. Versuche, dich auf dich selbst zu konzentrieren und nicht auf die anderen. Hast du dich gut vorbereitet? Kennst du dein Thema? Wer auf Anerkennung von außen angewiesen ist, wird immer enttäuscht sein, daher ist es wichtig, dass die Quelle für unser Selbstvertrauen in uns selbst liegt. Das ist der Schlüssel zur Resilienz. Statt Angst vor dem Scheitern zu haben, konzentriere dich darauf, alles zu tun, um zu bestehen.«

Anna hörte aufmerksam zu und antwortete dann: »Aber manchmal habe ich das Gefühl, dass ich so viel lerne, aber am Tag der Prüfung ist alles wie weggewischt.«

Jochen nickte verstehend und erklärte: »Das hat damit zu tun, dass logisches Denken unter Angst nicht gut funktioniert. Wenn wir Angst haben, übernehmen unsere Überlebensinstinkte. Deshalb ist es wichtig, den Körper so schnell wie möglich aus der Angstreaktion herauszuholen.« Er zeigte Anna, wie sie dies tun konnte, indem er ihr empfahl: »Du kannst deinen Körper beruhigen, indem du dich bewegst, tiefe und ruhige Atemzüge nimmst, oder deine Hand auf deine Brust legst. Dein Körper erkennt dann, dass es keinen Grund für Panik gibt, und die Angst lässt nach.«

Jochen fuhr fort: »Jetzt kannst du auch mental gegen die Angst vorgehen. Du kannst dir versichern, dass du genug gelernt hast und dass die Welt nicht untergeht, wenn eine Prüfung mal nicht so gut läuft. Du kannst dich selbst daran erinnern, dass du bisher noch nie eine Prüfung vergeigt hast, obwohl du es jedes Mal dachtest. Daher ist die Wahrscheinlichkeit gering, dass es diesmal passiert.«

Jochen schaute Anna ernst an und sprach ruhig weiter: »Du musst verstehen, Anna, dass unsere Gedanken die Linse sind, durch die wir die Welt sehen. Wenn wir uns darauf fixieren, dass wir scheitern werden, dann werden genau diese Gedanken uns immer wieder bestätigen, und wir werden tatsächlich scheitern. Unsere Aufmerksamkeit ist wie ein Magnet, der alles anzieht, auf das sie sich konzentriert. Wenn wir uns nur auf das Negative konzentrieren, dann wird genau das in unserem Leben überhandnehmen. Wenn wir uns jedoch auf das Positive konzentrieren, dann wird sich unser Leben entsprechend verbessern.«

Anna senkte ihren Blick und gestand: »Es gibt Situationen, in denen ich einfach nichts Positives sehen kann, wie zum Beispiel letzte Woche, als meine Mutter und ich uns gestritten haben. Ich habe das Gefühl, dass sie mich einengt und nicht versteht.«

Jochen nickte verständnisvoll und erwiderte: »Die Lösung ist eigentlich ganz einfach, und du kennst sie schon. Es ist die Liebe. Wenn du bereit bist, die Situation mit deinem Herzen zu sehen, wirst du erkennen, dass das Verhalten deiner Mutter aus ihrer Liebe und Fürsorge für dich entsteht. Anstatt in einen Konflikt zu geraten, kannst du ihr liebevoll zeigen, dass sie sich keine Sorgen um dich machen muss. Konflikte sind niemals nützlich und verursachen nur Schaden. Wir Menschen streben nach Liebe und Verbindung, auch wenn wir das manchmal vergessen. Resilienz ist ein Ausdruck von Selbstliebe. Sie bedeutet, gut für dich selbst zu sorgen, besonders in schwierigen Zeiten. Oft vernachlässigen Menschen sich selbst zuerst, wenn sie gestresst sind. Sie leisten sich keine Auszeiten, schlafen nicht, rauchen oder trinken Alkohol. Aber das ist genau das Gegenteil von dem, was wir tun sollten. Wenn wir unter Stress stehen, ist es besonders wichtig, gut auf uns selbst zu achten. Dazu gehört auch, dass wir uns von Menschen und Situationen fernhalten, die uns nicht guttun.«

Anna zögerte und gab dann zu: »Das fällt mir oft noch schwer. Viele in meiner Klasse trinken Alkohol oder kiffen. Weil ich nicht mitmache, gelte ich als langweilig.«

Jochen lächelte ihr warm zu und erklärte: »Das ist absoluter Unsinn, Anna. In diesem Fall ist deine Angst gesund und natürlich. Sie warnt dich davor, etwas zu tun, was dir langfristig schaden könnte. Das ist auch ein Teil von Resilienz.«

Annas Gesicht spiegelte Nachdenklichkeit und Erkenntnis wider. Jochens Worte hatten ihr gezeigt, dass sie trotz aller Herausforderungen die Kontrolle über ihre Reaktionen und ihre Einstellung behalten konnte. Sie verstand nun, dass Resilienz ein wesentlicher Schlüssel zu ihrer anhaltenden Freude und Gelassenheit war. Während sie über Jochens Worte nachdachte, fiel draußen ein Blatt nach dem anderen und kündigte den Wandel der Jahreszeiten an – ein perfekter Spiegel für Annas eigene Veränderungen und Wachstum.

Nach einer Weile erhoben sich Anna und Jochen und machten sich auf den Weg. »Anna«, begann Jochen, »ich möchte dir sagen, wie stolz ich auf dich bin. Du zeigst eine enorme Entwicklung, und ich weiß, dass du noch viel mehr erreichen wirst.«

Sie blickte zu ihm auf und nickte dankbar. »Ich bin froh, dass du da bist, Jochen. Ohne dich wüsste ich nicht, wie ich mit all dem umgehen sollte. Meine Eltern sind keine großen Ratgeber. Sie trauen mir einerseits nichts zu, andererseits stellen sie so hohe Erwartungen an mich. Es ist, als könnte ich nie ich selbst sein,« gestand sie traurig.

Jochen lächelte sie an und legte unterstützend eine Hand auf ihre Schulter. »Anna, es scheint, dass es dann wohl an der Zeit ist, herauszufinden, wer du wirklich bist,« sagte er und verabschiedete sich.

Sie sah ihm hinterher, bis er nicht mehr zu sehen war, und fühlte, dass sie bereit war, sich auf diesen Weg zu begeben. Sie spürte eine innige Dankbarkeit für Jochen und seinen Einfluss in ihrem Leben. Mit einer Mischung aus Aufregung und neuem Selbstbewusstsein trat sie den Heimweg an, bereit, die nächste Phase ihrer Reise zu beginnen.

11. Kapitel:
Routinen gegen die Angst

Einige Monate später kehrten die ersten Anzeichen des Frühlings zurück. Die kalten Winterwinde begannen nachzulassen, die Tage wurden länger. Die Sonne, die sich langsam über den Horizont erhob, tauchte die Landschaft in ein warmes, goldenes Licht. Mit jedem Tag wurde die Luft milder und erfüllt von dem verheißungsvollen Duft der aufblühenden Blumen.

Der Himmel war strahlend blau, die Vögel zwitscherten fröhlich, als Anna und Jochen sich in einem kleinen Café trafen. Die Tische draußen waren mit leuchtend weißen Tischdecken bedeckt und standen im Kontrast zu den bunten Frühlingsblumen.

Die beiden setzten sich an einen kleinen Tisch und genossen die wärmenden Sonnenstrahlen auf ihrer Haut.

Anna zupfte nervös an ihren Fingernägeln, und ihr Gesichtsausdruck verriet ihre Anspannung. »Jochen, ich habe furchtbare Angst vor den Prüfungen«, gestand sie. »Ich darf auf keinen Fall versagen.«

Jochen hörte aufmerksam zu und versuchte, sie zu beruhigen. »Anna, es ist genau diese Haltung, die die Angst erzeugt. Wenn du nicht versagen darfst, dann machst du die Prüfung zu einer Frage von Leben und Tod. Dein Körper und dein Geist reagieren dann natürlich mit Angst. Klar denken kannst du so sicher nicht.«

Er erklärte ihr, wie wichtig es sei, sich aktiv zu entspannen, um eine bessere Verbindung zum Überbewusstsein zu haben. »Anna, wie hat sich diese Verbindung in den letzten Monaten entwickelt?«, fragte er.

»Anfangs war es besser, aber jetzt, kurz vor dem Abitur, fühle ich mich wieder völlig ausgeliefert«, gestand sie. »Manchmal möchte ich gar nicht aufstehen.«

»Das ist die Angst, die dich lähmt«, antwortete Jochen. »Erinnerst du dich noch an die Lösung, die wir besprochen haben?«

Anna dachte angestrengt nach und erwiderte dann: »Die Liebe. Aber soll ich mich jetzt in mein Abitur verlieben?«

Jochen lachte sanft und erinnerte sie an ihr früheres Gespräch über Resilienz und Selbstliebe. »Es ist gerade in stressigen Zeiten wie diesen wichtig, auf die eigenen Bedürfnisse zu achten und sich selbst gut zu behandeln«, betonte er. »Angst ist ein Überlebensmechanismus, der uns dabei hilft, mit minimalen Ressourcen zu überleben. Wir können unser volles Potenzial nur ausschöpfen, wenn wir uns in einem Zustand der Liebe und Verbundenheit mit uns selbst und der Welt befinden«, fügte er hinzu.

Anna sträubte sich gegen Jochens Worte. »Aber ich habe keine Zeit für all das. Ich muss lernen«, murmelte sie frustriert.

Jochen versuchte Anna zu überzeugen, dass es gerade deshalb so wichtig sei, auf sich selbst zu achten und sich Zeit für Entspannung und Vergnügen zu nehmen. Er erzählte ihr von seiner eigenen Erfahrung und wie er gelernt hatte, dass die Balance zwischen Arbeit und Freizeit entscheidend für das allgemeine Wohlbefinden ist.

Anna gab zu: »Ich war in letzter Zeit reizbar und habe mich häufig mit meinen Eltern gestritten.«

Sie erzählte Jochen von ihren Plänen: »Nach dem Abitur möchte ich mit meinem langjährigen Freund in den wohlverdienten Urlaub fahren, um den stressigen Schulabschluss hinter mir zu lassen.« Doch zu ihrer Enttäuschung erlaubten ihre Eltern diesen Ausflug nicht. Sie fühlte sich eingeschränkt und unverstanden.

Jochen, der Anna inzwischen gut kannte, erinnerte sie sanft daran: »Du bist jetzt erwachsen und kannst deine eigenen Entscheidungen treffen.« Er betonte jedoch auch: »Du musst die Verantwortung für die Konsequenzen tragen.« Es war eine Frage des Abwägens: »Bist du bereit, die möglichen Herausforderungen anzunehmen und für deine eigenen Wünsche und Bedürfnisse einzustehen?«

Anna war hin- und hergerissen. Sie spürte den Drang nach Freiheit und Abenteuer, aber auch die Angst vor möglichen Konflikten und Enttäuschungen. Es war eine schwierige Entscheidung, und sie wusste: »Ich muss mir Zeit nehmen, um darüber nachzudenken und meine Prioritäten abzuwägen. Jetzt steht ohnehin erst einmal das Abitur an. Danach bin ich vermutlich ein nervliches Wrack.«

Jochen wiegt seinen Kopf hin und her. »Das muss nicht sein«, sagte er. »Du kannst das hier auch in die beste Zeit deines Lebens verwandeln, eine Zeit voller Möglichkeiten.«

Anna sah ihn misstrauisch an. »Und wie soll das gehen? Ich lerne von morgens bis abends.«

»Und hast trotzdem Angst«, sagte Jochen und lachte. »Viel besser wäre es, wenn du dich gut um dich kümmerst.«

Anna rieb sich nervös das Gesicht. »Aber wie soll das denn gehen? Ich meine, ich habe ja kaum genug Kraft für das Lernen.«

»Wenn du dich gut um dich selbst kümmerst, hast du auch wieder mehr Kraft. Ich empfehle dir, wenn du es noch nicht selbst wahrnehmen kannst, dass du dir bestimmte Routinen einprägst, die du einfach jeden Tag machst.«

Anna lauschte aufmerksam und spürte, wie seine Worte langsam in ihr Bewusstsein eindrangen. Die Vorstellung, sich ausgerechnet jetzt mehr um ihr Wohlbefinden zu kümmern, statt jede Sekunde zum Lernen zu nutzen, erschien ihr zunächst absurd, aber sie erkannte die tiefe Bedeutung hinter Jochens Worten. Es ging nicht darum, sich möglichst stark unter Druck zu setzen, sondern darum, sich selbst zu lieben und sich mit Leidenschaft und Hingabe dem Lernprozess und den Herausforderungen zu widmen.

Jochen schaute Anna ernst an. »Warum ist dieses Abitur so wichtig für dich, Anna?«, fragte er sie.

Anna schaute Jochen verwirrt an. »Ich ... ich habe nie darüber nachgedacht. Meine Eltern erwarten es von mir. Ohne das Abitur könnte ich nicht zur Universität gehen und studieren.«

Jochen sah sie nachdenklich an. »Willst du das denn auch, Anna? Willst du studieren?«

Anna starrte auf ihre Hände, ihre Gedanken rasten. Schließlich sagte sie leise, »Ich möchte das Abitur machen.

Ich denke, dass es meine Zukunftschancen verbessert. Aber ob ich studieren will ... ich weiß es nicht. Nicht einmal, was ich studieren würde. Ich möchte eigentlich gerne im sozialen Bereich arbeiten und anderen Menschen helfen.«

Jochen beugte sich vor, seine Augen voller Mitgefühl. »Anna, es ist wichtig, dass du dir deiner eigenen Bedürfnisse und Interessen bewusst bist und diese auch vertrittst. Sonst wirst du dein ganzes Leben lang von anderen bestimmt. Und von anderen bestimmt zu werden, macht hilflos, ängstlich und unglücklich. Du bist die Gestalterin deines Lebens, und deine Entscheidung für eine Ausbildung ist wichtig, aber sie ist nicht alles.«

Anna blinzelte, Jochens Worte wirbelten in ihrem Kopf. »Ich kann meinen Eltern das nicht beibringen, Jochen.« Sie sah in seine ernste Augen und fühlte eine Welle der Erleichterung, als er sagte:

»Genau deshalb, Anna, musst du lernen, stärker und klarer für dich selbst einzustehen. Wenn du nach dem Abitur eine Auszeit brauchst, dann müssen deine Eltern das akzeptieren.«

Jochens Worte hallten in der frühlingshaften Luft nach, als Anna versuchte, ihre Gedanken zu ordnen und einen Weg in ihre ungewisse Zukunft zu finden.

Jochen erläuterte weiter, dass Selbstliebe uns dazu befähigt, liebevoll und respektvoll für uns selbst einzustehen. »Wir müssen andere nur dann angreifen, wenn wir uns bedroht fühlen oder uns in die Enge getrieben fühlen. Wenn wir gut für uns selbst sorgen, entsteht diese Situation erst gar nicht«, betonte er. Er vertrat die Ansicht, dass das Wohlbefinden jedes Einzelnen einen direkten Einfluss auf das Wohl der Gesellschaft hat. »Wenn jeder gut für sich selbst sorgt, dann ist für alle gesorgt«, ergänzte er.

Diese Worte gaben Anna etwas zum Nachdenken. Sie begann zu verstehen, warum es so wichtig war, Selbstliebe zu kultivieren und für ihr eigenes Wohlbefinden und ihre Bedürfnisse einzustehen. Jochens Ratschläge hatten ihr schon oft geholfen, beim Autofahren zum Beispiel fühlte sie sich zu 99 Prozent sicher und hatte keine Angst. Sie war eine gute Autofahrerin, und das verdankte sie Jochen. Auch ihre Symptome waren nie mehr zurückgekehrt, und immerhin war sie nun mit ihrer Flamme zusammen. Ohne Jochen hätte sie das nie geschafft. Also sollte sie ihm wohl auch jetzt vertrauen.

»Selbstliebe also?«, fragte sie und lächelte. »Na, dann werde ich das mal versuchen. Ich bin mir sicher, meine Eltern werden sich wundern, wenn ich jetzt auf einmal ganz viel Wellness mache und lange schlafe.«

Jochen grinste. »Du kannst ihnen liebe Grüße sagen. Alles, was ich dir erzähle, ist längst wissenschaftlich bewiesen. Stress schadet unseren Zellen, er aktiviert sogar Gene, die Krebs auslösen können, er lässt uns schneller altern und beschädigt unser Gehirn. Es gibt nichts Wichtigeres, als dauerhaften Stress zu vermeiden, damit wir ihn dann, wenn wir ihn brauchen, benutzen können, um ein Mehr an Kraft und Leistung abzurufen – vorrübergehend, so wie es von der Natur gedacht ist. Niemand kann ständig 100 Prozent geben.«

Anna seufzte. »Aber manchmal denke ich, meine Eltern verlangen das von mir. Als würde ich als Mensch gar nicht existieren.«

Jochen lächelte. »Ich bin mir sicher, dass deine Eltern das Beste für dich wollen. Aber du hast Recht. Liebe an Bedingungen zu knüpfen, löst Ängste aus, denn dann kann ich Menschen, die mir wichtig sind, ja aufgrund dieser Bedingungen jederzeit verlieren. Vielleicht kannst du das bei deinen Kindern irgendwann anders machen – und ihnen bedingungslose Liebe ohne Erwartungen schenken.«

Anna runzelte die Stirn. »Aber ohne Erwartungen würden wir ja nie etwas leisten, oder?«

Jochen sah in Annas verwirrte Augen und fuhr fort: »Die Vorstellung, dass wir nur unter Druck funktionieren, ist grundlegend falsch. Wir funktionieren am besten, wenn wir uns sicher und akzeptiert fühlen und mit spielerischer Freude an die Arbeit gehen. Doch genau diese spielerische Freude, das Schöpferische, das jedem Kind innewohnt, wird uns eher abtrainiert als gefördert. Deshalb ist es wichtig, dass wir es in uns selbst fördern, auch als Erwachsene.«

»Soll ich also lieber wieder mit Puppen spielen?«, fragte Anna grinsend.

Jochen lächelte und schüttelte den Kopf. »Nein, Anna«, sagte er sanft. »Es geht nicht darum, wieder mit Puppen zu spielen, es geht vielmehr darum, diese kindliche Neugier und Begeisterung in uns zu bewahren und zu fördern. Es geht darum, dass wir uns erlauben, Spaß an dem zu haben, was wir tun, und dass wir uns erlauben, Fehler zu machen und daraus zu lernen, statt uns ständig selbst unter Druck zu setzen und unsere eigenen schärfsten Kritiker zu sein.«

Die Worte hingen in der Luft, während Anna versuchte, sie in ihrem Verstand und Herzen zu verarbeiten.

»Zum Beispiel kannst du, wenn du Situationen trainierst, spielerisch vorgehen. Schlüpf mal in eine andere Rolle, probiere dich aus. Es sieht dich ja niemand, und du kannst genau betrachten, ob das, was du im Spiegel oder auf Video siehst, dir gefällt oder nicht. Du kannst die Pflichtübung in ein Spiel verwandeln. Je angenehmer etwas ist, umso besser speichern wir es ab,« erklärte Jochen mit einem ermutigenden Lächeln. »Nutze diese Möglichkeit, um dich selbst besser kennenzulernen und um herauszufinden, was dir wirklich Spaß macht und was dir gut tut. Die Fähigkeit, spielerisch zu lernen und zu experimentieren, ist ein wertvolles Werkzeug, das dir dabei helfen kann, in deinem eigenen Tempo und auf deine eigene Art und Weise zu wachsen und dich weiterzuentwickeln.«

Anna lächelte. Sie fühlte sich auf einmal deutlich leichter. Jochen hatte Recht. Das Abitur zu haben, war nicht wirklich eine Frage um Leben und Tod. Sie spürte, wie ihre Anspannung langsam nachließ und einem Gefühl der Zuversicht wich. Anna wusste, dass sie die Prüfungen nicht länger als Bedrohung sehen musste, sondern als Möglichkeit, ihr Wissen und ihre Fähigkeiten unter Beweis zu stellen. Sie beschloss, Jochens Rat zu beherzigen und sich auf Liebe und Verbundenheit zu konzentrieren, während sie sich auf ihr Abitur vorbereitete.

Jochen stand auf und wollte bezahlen, da fragte Anna: »Du hast vorhin von Routinen gesprochen, die mich gegen die Angst stärken und mein Selbstvertrauen verbessern. Was sind das für Routinen?«

Jochen setzte sich wieder und erklärte: »Erstens, starte jeden Tag mit einer positiven Affirmation. Sag dir selbst ‚Ich bin stark. Ich bin fähig. Ich bin mutig.‘ Diese positiven Worte werden dir helfen, Negativität abzuwehren und deine Selbstliebe zu stärken. Zweitens, übe regelmäßig Achtsamkeit. Sei dir deiner Gedanken und Gefühle bewusst. Wenn du Angst spürst, erkenne sie an und lasse sie vorüberziehen, anstatt dich von ihr überwältigen zu lassen. Drittens, umgib dich mit positiven Menschen. Die Gesellschaft von Menschen, die dich unterstützen und bestärken, wird dir helfen, dein Selbstvertrauen zu stärken. Viertens, fange an, ein Dankbarkeitstagebuch zu führen. Schreibe jeden Tag drei Dinge auf, für die du dankbar bist. Es wird dir helfen, das Positive in deinem Leben zu sehen und dich auf das Gute zu konzentrieren, statt auf das Schlechte. Und fünftens, übe regelmäßig Selbstliebe und Selbstfürsorge. Nimm dir Zeit für dich selbst, um Dinge zu tun, die du liebst und die dich glücklich machen. Dies wird dir helfen, deinen Selbstwert zu erhöhen und dein Selbstvertrauen zu stärken. Stelle dich vor den Spiegel und schau dich an, schau dir ganz tief in die Augen. Dann geh raus, geh in eine Bar, ein Café oder setz dich im Park auf eine Bank und beobachte die Menschen, die an dir vorbeilaufen. Suche in jedem Menschen, den du beobachtest, etwas Schönes, etwas Positives. Seine Haare, seine Augen, seine Kleidung oder seine Ausstrahlung. Dann geh wieder nach Hause und beobachte dich selbst im Spiegel, und du wirst die Schönheit in dir selbst erkennen.«

Anna hörte aufmerksam zu und nahm sich vor, Jochens Ratschläge in ihren Alltag zu integrieren. Sie war bereit, ihre Angst zu überwinden und ihr Selbstvertrauen zu stärken.

Mit einem Lächeln und einem neuen Gefühl der Entschlossenheit verabschiedeten sich Anna und Jochen voneinander. Sie wusste, dass sie nun bereit war, die Herausforderungen anzunehmen und ihr volles Potenzial auszuschöpfen. Der Frühling war nicht nur eine Zeit des Wachstums und der Erneuerung für die Natur, sondern auch für sie selbst.

12. Kapitel:
Mut zur Veränderung

Die Sonne schien hell und verwandelte die Welt in ein prächtiges Farbenspiel. Es war Hochsommer, und die Hitze hing schwer in der Luft. Anna, frisch zurück von einem unvergesslichen Urlaub in Portugal mit ihrem Freund, strahlte vor Glück. Ihre Haut war von der Sonne gebräunt, und sie strahlte eine Leichtigkeit aus, die nur das Ergebnis unbeschwerter Tagen sein konnte.

»Es war einfach wundervoll, Jochen,« erzählte sie mit leuchtenden Augen. »Die Sonne, das Meer, die Freiheit … Ich habe mich noch nie so lebendig gefühlt.«

Jochen konnte nicht anders, als sich mit ihr zu freuen. Es war, als ob ihre unbändige Aufregung und Lebensfreude auf ihn übergingen. »Ich freue mich so für dich, Anna. Du wirkst so … frei.«

Und sie war frei. Die Last des Abiturs war von ihren Schultern gefallen, und sie hatte den Sommer genutzt, um einfach nur zu leben. Sie erzählte von den atemberaubenden Abenteuern, die sie erlebt hatte: den langen Spaziergängen entlang der malerischen Küste, den unvergesslichen Begegnungen mit interessanten Menschen aus aller

Welt und den wunderbaren Orten, die sie mit eigenen Augen gesehen hatte.

Jochen lauschte gebannt, während er die Veränderung in Anna bewunderte. Sie war nicht mehr das ängstliche Mädchen, das sie einmal gewesen war. Sie war eine junge Frau geworden, die das Leben mit offenen Armen empfing. Der Sommer hatte nicht nur die Natur zum Blühen gebracht, sondern auch sie. Jeder Moment schien von magischer Energie erfüllt zu sein, als ob das Universum selbst ihr Glück besiegelte.

Anna fühlte sich nun vollkommen eins mit der Welt um sie herum. Die sanfte Meeresbrise strich durch ihr Haar, das Rauschen der Wellen erfüllte ihre Ohren. Ihre Füße sanken tief in den warmen Sand, während sie den Sonnenuntergang am Horizont betrachtete. Die Farben des Himmels tanzten vor ihren Augen und spiegelten die Freude und das Glück wider, die sie in ihrem Herzen trug.

Sie lächelte, als sie daran dachte, wie sie sich von der Routine des Alltags befreit hatte. Die Tage waren angefüllt mit Abenteuern und Entdeckungen, und jede Minute war kostbar. Sie hatte die Schönheit der Natur in all ihren Facetten erlebt – von den majestätischen Klippen, die sich über dem Ozean erhoben, bis hin zu den versteckten Buchten mit ihrem kristallklaren Wasser.

Und dann waren da noch die Menschen, die sie getroffen hatte – eine bunte Mischung aus Kulturen und Lebensgeschichten. Jeder hatte eine einzigartige Perspektive auf die Welt, und sie hatte viel von ihnen gelernt. Ihre Gespräche waren geprägt von Lachen, tiefsinnigen Diskussionen und dem Austausch von Ideen.

»Jochen,« begann Anna vorsichtig, ihre Stimme leise und zögernd, während sich ihre Gedanken langsam formten. »Ich bin so glücklich über den Sommer und all die schönen Erinnerungen, die wir gemeinsam geschaffen haben. Aber die kommenden Veränderungen machen mir Angst.« Anna biss sich nervös auf die Lippen, und ihre Augen, die noch vor Kurzem vor Glück strahlten, wurden nun von Sorge verdunkelt.

»Meine Eltern wollen, dass ich mich an der Universität einschreibe, aber ich möchte ein freiwilliges soziales Jahr machen und vorher ein Work and Travel ... aber sie halten nichts davon.« Anna seufzte und ihre Stimme trug den Klang der Verzweiflung. »Es fühlt sich an, als ob wir auf unterschiedlichen Wegen gehen und sich unsere Träume und Vorstellungen voneinander entfernen. Ich habe versucht, es mit den Augen der Liebe zu betrachten und ihre Perspektive zu verstehen ... aber ich habe das Gefühl, dass sie mich so nicht sehen. Sie wollen, dass ich ihren Weg gehe, aber ich ... Ich weiß nicht, wer ich bin, Jochen. Ich habe Angst, ihre Unterstützung zu verlieren, eine falsche Entscheidung zu treffen, die ich mein ganzes Leben bereuen werde.«

Jochen sah sie ruhig an, seinen Blick voller Verständnis und Empathie. »Anna«, sagte er sanft und voller Zuversicht. »Du musst dich daran erinnern, dass du diejenige bist, die dein Leben lebt. Nicht deine Eltern. Und du darfst ganz liebevoll entscheiden, trotzdem deinen eigenen Weg zu gehen. Nur du weißt, was gut für dich ist.«

Anna nickte langsam, Jochens Worte wie ein Leitfaden in ihrem Kopf. »Aber Jochen,« gestand sie mit leiser, zit-

ternder Stimme, »die vielen Veränderungen machen mir
wirklich große Angst. Ich habe Sorge, dass ich mich verloren fühle und nicht weiß, wohin ich gehöre.«

Jochen lächelte sanft. »Anna, du musst keine Angst vor
Veränderungen haben,« sagte er, seine Stimme weich,
aber bestimmt. »Sieh sie als Möglichkeit, eine neue, bessere
Version von dir selbst zu werden.«

Anna schaute ihn neugierig an, ihre Augen voller
Hoffnung und Verlangen nach Verständnis. »Wie meinst
du das«, fragte sie, ihre Stimme voller Neugier und Erwartung. »Eine bessere Version von mir selbst?«

Jochen lächelte und lehnte sich zurück, seine Augen funkelten vor Begeisterung. »Lass es mich so erklären, Anna,«
begann er und wählte seine Worte mit Bedacht. »Wenn ich
von einer ‚besseren Version von dir selbst‘ spreche, dann
meine ich eine Version, die mehr und mehr dein überbe-
wusstes Wissen integriert und im Alltag lebt. Dein Überbewusstsein ist wie ein riesiges Reservoir an Weisheit und
Wissen, das über das hinausgeht, was du bewusst weißt. Es
ist, als hättest du einen inneren Kompass, der dich immer
in die richtige Richtung führt, wenn du ihm nur zuhörst.
Im Laufe des Lebens sammeln wir alle eine Fülle von Erfahrungen und Erkenntnissen, aber oft hören wir nicht auf
diese innere Stimme oder lassen sie zu in unserem täglichen Leben. Wenn du dir erlaubst, diesen überbewussten
Teil von dir zu erkennen und zu ehren, dann wird er dir
helfen, Entscheidungen zu treffen, die wirklich zu dir passen und dich erfüllen. Eine ‚bessere Version von dir selbst‘
ist einfach eine Version, die mehr auf diese innere Weisheit hört und sie in ihrem Alltag integriert.«

Anna hörte aufmerksam zu, ihre Augen weit und nachdenklich.

»Ich bin mir nicht sicher, ob ich wirklich verstehe, was du damit meinst. Hast du ein Beispiel?«, fragte sie neugierig und voller Verlangen nach Klarheit.

»Stell dir vor, Anna«, begann Jochen mit einem warmen Lächeln, »du sitzt in einem gemütlichen Kinosessel, umgeben von dem faszinierenden Duft von frischem Popcorn. Vor dir erstreckt sich die Leinwand, bereit für dein ganz persönliches Meisterwerk. In diesem Film spielst du die Hauptrolle, eine furchtlose Heldin, die sich mutig den Herausforderungen des Lebens stellt und dabei immer weiter wächst und reift. Mit jedem neuen Kapitel in diesem Film, das von dir geschrieben wird, entfaltet sich eine neue Facette deiner Persönlichkeit. Du erfährst eine Entwicklung, die dich zu der außergewöhnlichen Person macht, die du sein möchtest. Jede Szene, jede Erfahrung, jede Herausforderung trägt dazu bei, dich zu formen und deine wahre Stärke hervorzubringen. Es ist ein wunderbarer Prozess des stetigen Wachsens und Lernens, den du nicht einfach anhalten kannst, selbst wenn du es wolltest. Du bist die Regisseurin dieses Films, die Drehbuchautorin und die Hauptdarstellerin. Du hast die Macht, das Skript nach deinen Wünschen anzupassen und die Geschichte zu gestalten, die du erzählen möchtest. In diesem Film, Anna, hast du die Freiheit, deine eigenen Werte zu leben und deine eigenen Gefühle zu kultivieren. Du entscheidest, was die Quelle deines Glücks und deiner Liebe sein soll. Großzügigkeit, Dankbarkeit und Mitgefühl sind nur einige der wertvollen Eigenschaften, die du in deinem

Charakter entwickelst. »Großzügigkeit ist nicht nur eine Tugend, sondern eine Lebenshaltung. Wenn du großzügig bist, gibst du nicht nur materielle Dinge oder deine Zeit, sondern auch von deinem Herzen, deiner Liebe und deiner Aufmerksamkeit. Und je mehr du gibst, desto mehr wirst du empfangen. Dankbarkeit ermöglicht es dir, das Gute in deinem Leben zu erkennen und mehr davon anzuziehen. Mitgefühl erlaubt dir, die Welt durch die Augen eines anderen zu sehen, sein Leid zu teilen und ihm zu helfen. Beide Eigenschaften werden dich nicht nur zu einem besseren Menschen machen, sondern auch dein Leben mit so viel Freude und Liebe füllen, dass du dich fragen wirst, wie du jemals ohne sie leben konntest. Anna, es ist wahr, nicht alle Menschen sind gut. Einige mögen gemein und böse erscheinen. Doch du musst verstehen, dass Menschen, die von Neid und Missgunst erfüllt sind, einfach noch viel zu lernen haben. Sie sind noch weit entfernt von der wahren Kraft der Selbstliebe und der Güte. Wahre Stärke zeigt sich in Güte und Gelassenheit. Diejenigen, die intrigieren, drohen, lügen oder streiten, sind nicht stark. Sie sind voller innerer Konflikte und Unzufriedenheit. Du kannst Mitgefühl für sie empfinden und erkennen, wie unglücklich sie sein müssen, während du in deinem eigenen Film die wahre Stärke und innere Ruhe findest. Du solltest jedoch kein Mitleid für Menschen empfinden, welche dir deine Energien berauben. Bemitleiden musst du nicht, denn auch diese Menschen haben durch ihre Probleme die Möglichkeit der Veränderung. Zeig ihnen den Weg, wie ich ihn dir gezeigt habe. Die warme Sommersonne streichelt sanft deine Haut, während die Blätter der Bäume in der leichten Brise rascheln. Du spürst die Energie der Natur um dich herum und lässt dich von ihrer Schönheit inspirieren. Atme tief ein und genieße den Moment, Anna, denn du bist die Heldin deines eigenen Films, und das Leben ist bereit, mit dir gemeinsam ein Meisterwerk zu erschaffen.«

Er sah zu Anna, ihre Augen waren ernst und nachdenklich. »Ich weiß«, sagte sie leise, »ich hatte vor dem Urlaub einen Streit mit meiner besten Freundin. Sie ist eifersüchtig auf meinen neuen Freund.«

Jochen nickte verständnisvoll und strich sich nachdenklich über das Kinn. Er erinnerte sich an ähnliche Situationen, in denen Eifersucht und Unsicherheit Freundschaften belastet hatten.

»Diese Eifersucht ist Ausdruck eines Mangels, einer Angst, jetzt als Freundin nicht mehr wichtig zu sein. Sie kommt aus dem Ego, dem Ich«, erklärte er einfühlsam. »In deinem Überbewusstsein ist dir klar, dass du dich freuen solltest, wenn zwei Menschen sich gefunden haben und lieben. Du hast keine Angst, zurückgesetzt zu werden.«

Anna seufzte und nickte. Sie spürte, wie sich eine gewisse Erleichterung in ihr ausbreitete, als sie Jochens Worte hörte. »Ich werde versuchen, in Zukunft auf solche Situationen mit Mitgefühl zu reagieren«, sagte sie entschlossen.

Jochen lächelte und legte seine Hand auf ihre Schulter. »Und vergiss nicht, Anna«, sagte er sanft, »auch wenn du Mitgefühl zeigst, darfst du dich abgrenzen, wenn Menschen sich daneben benehmen oder du Gefahr läufst, verletzt zu werden. Selbstliebe bedeutet auch, sich selbst liebevoll zu schützen.«

»Aber Jochen, wie soll ich mich denn selbst lieben, wenn ich mich immerzu verändern muss, wie du mir erklärt hast?«, warf Anna ein und blickte ihn erwartungsvoll an. Sie hatte das Gefühl, dass noch eine weitere Schicht der Erklärung notwendig war, um das Konzept der Selbstliebe vollständig zu verstehen.

Jochen lächelte sanft und schaute Anna nachdenklich an. »Selbstliebe, Anna,« begann er ruhig, »bedeutet nicht, dass du perfekt oder unveränderlich sein musst. Es geht vielmehr darum, dich selbst in all deinen Facetten anzunehmen, auch in deinen Schwächen und Fehlern.«

Er machte eine kleine Pause, bevor er fortfuhr. »Veränderung ist ein natürlicher und unvermeidlicher Teil des Lebens. Alles in der Natur verändert sich ständig und entwickelt sich weiter, und wir Menschen sind da keine Ausnahme. Jede Erfahrung, jede Begegnung, jedes Gefühl hinterlässt Spuren in uns und formt uns auf die eine oder andere Weise.«

Anna lauschte aufmerksam und spürte, wie sich Jochens Worte tief in ihr Inneres gruben. Sie begann, die Verbindung zwischen Selbstliebe und Veränderung zu erkennen. Es war wie eine Erleuchtung, die ihr die Augen öffnete und ihr half, die Dinge aus einer neuen Perspektive zu betrachten.

Er beugte sich ein wenig vor und sah Anna direkt in die Augen. »Selbstliebe bedeutet zu erkennen, dass du ein wertvoller und liebenswerter Mensch bist, genau so, wie du jetzt in diesem Moment bist, unabhängig von deinen Leistungen, deinem Aussehen, deinem sozialen Status oder was auch immer die Gesellschaft als Maßstab für deinen Wert betrachtet.«

Seine Stimme wurde sanfter, als er hinzufügte: »Und es bedeutet, dich selbst genug zu respektieren, um nach persönlichem Wachstum und Verbesserung zu streben, denn du verdienst es, das beste und glücklichste Leben zu führen, das du kannst.«

Anna spürte eine Welle der Dankbarkeit und Selbstakzeptanz über sich kommen. Sie fühlte sich gestärkt und ermutigt, ihr eigenes Potenzial auszuschöpfen und nach ihrem Glück zu streben. Sie wusste, dass dieser Moment des Verständnisses und der Erkenntnis der Beginn einer Reise zu einem erfüllten und authentischen Leben war.

Jochen lehnte sich zurück und sah Anna mit einem warmen und ermutigenden Lächeln an. »So, Anna, sind Selbstliebe und Veränderung kein Widerspruch, sondern zwei Seiten derselben Medaille, die sich ergänzen und verstärken. Sie sind der Schlüssel zu einem erfüllten und authentischen Leben.« Er legte eine Hand auf seinen Brustkorb, etwa da, wo sich sein Herz befand. »Vertraue auf dich selbst und die Kraft der Selbstliebe, und du wirst sehen, dass du alles erreichen kannst, was du dir wünschst.«

Für einen Moment war sie still, dann nickte sie langsam. »Ich verstehe, Jochen. Das klingt wirklich sinnvoll. Danke dir.« Ihre Augen leuchteten vor Entschlossenheit und Freude, während sie den Raum verließ, bereit, die Welt mit ihrer neu gewonnenen Erkenntnis und Selbstliebe zu erobern.

Jochen schaute zum Himmel hinauf, in seinen Augen die unendliche Weite des Sommers. Der klare Himmel war von einer leichten Brise durchzogen, die den Duft von Blumen und frischer Erde herantrug. Die Stille wurde nur von entferntem Vogelgezwitscher und dem leisen Rascheln der Blätter unterbrochen.

»Anna,« begann er mit ruhiger, tiefer Stimme, »es gibt
zwei Arten von Ängsten in unserem Leben. Die künstliche Angst, die wir uns selbst erschaffen – aus Sorgen um
die Zukunft, aus Erinnerungen an die Vergangenheit, aus
falschen Glaubenssätzen und verzerrten Wahrnehmungen der Realität. Und dann gibt es die echte, instinktive
Angst, die uns vor echten Gefahren schützt. Es ist wichtig,
zwischen beiden zu unterscheiden und die künstliche
Angst loszulassen. Denn sie hält uns nur davon ab, unser
volles Potenzial zu entfalten und das Leben in vollen Zügen zu genießen.«

Er schloss die Augen und atmete tief ein, als wollte er
die Weisheit des Sommers einatmen. Die frische Luft füllte
seine Lungen, und er spürte, wie sich die Energie des Sommers seinen Körper durchströmte. Sein Herz schlug im
Einklang mit dem Rhythmus des Sommers, und er fühlte
sich in diesem Moment mit allem verbunden.

»Unser Unterbewusstsein,« fuhr er fort, »ist wie ein riesiges Reservoir an Erinnerungen, Erfahrungen und Gefühlen. Es ist der Ort, an dem unsere tiefsten Ängste und
Sehnsüchte verborgen sind. Aber auch das Überbewusstsein spielt eine wichtige Rolle. Es ist der Teil von uns, der
mit dem Universellen verbunden ist, der die tieferen
Wahrheiten des Lebens erkennt und uns auf den Weg der
Liebe und des Mitgefühls führt.«

Jochen öffnete seine Augen und sah Anna liebevoll an.
Sein Blick drückte tiefe Zuneigung und Verbundenheit aus.
»Liebe, Anna, ist das stärkste und wertvollste Geschenk,

das wir in uns tragen. Sie hat die Kraft, Wunden zu heilen, Brücken zu bauen und Licht in die dunkelsten Ecken unserer Seele zu bringen. Sie ist der wahre Schlüssel zu echtem Glück und Frieden.«

Er nahm ihre Hände und schaute ihr tief in die Augen. In ihnen konnte er die ganze Welt sehen – ihre Träume, ihre Hoffnungen und ihre Ängste. »Aber um Liebe vollständig geben und empfangen zu können, müssen wir zuerst lernen, uns selbst zu lieben. Selbstliebe ist die Grundlage für alle anderen Formen der Liebe. Es ist der Mut, uns selbst anzunehmen, so wie wir sind – mit all unseren Stärken und Schwächen, all unseren Erfolgen und Fehlern. Es ist der Mut, uns selbst zu vergeben und uns die Freiheit zu geben, uns weiterzuentwickeln und zu wachsen.«

Jochen ließ ihre Hände los und lehnte sich zurück. Er betrachtete den klaren Sommerhimmel und spürte förmlich, wie die Energie des Sommers sich auf ihn übertrug.

»Und das, Anna, führt uns zur Veränderung. Veränderung ist nicht etwas, vor dem wir uns fürchten müssen. Sie ist ein natürlicher, unvermeidlicher Teil des Lebens. Sie ist eine Chance, uns neu zu erfinden, zu wachsen und uns näher an die Person zu bringen, die wir wirklich sein möchten. Lass uns diese Chance nutzen und den Sommer in all seiner Schönheit und Fülle erkunden.«

Die beiden saßen schweigend da, umgeben von der Magie des Sommers. Die Welt schien für einen Moment still zu stehen, und sie wussten, dass sie Teil von etwas Größerem waren und dass der Sommer unendliche Möglichkeiten für sie bereithielt.

Jochen erhob sich und streckte seine Arme zum Himmel aus, als wollte er die ganze Welt umarmen. Der warme Sonnenschein berührte sein Gesicht, die Zeit schien stehenzubleiben. Die sanfte Brise spielte mit seinen Haaren, während er Anna mit einem Blick tiefer Weisheit anschaute.

»Das Leben, Anna,« begann er sanft, »ist eine wunderschöne Reise des Lernens, Wachsens und Liebens. Jeder Schritt, den wir machen, formt uns zu dem Menschen, der wir sind. Und du, meine liebe Anna, bist die Heldin deiner eigenen Geschichte. Du hast die Kraft, mutig zu sein, dich selbst zu lieben und die Veränderungen, die das Leben mit sich bringt, zu umarmen. Denn das ist der Weg zu einem erfüllten und glücklichen Leben.«

Anna lauschte seinen Worten und spürte, wie sie tief in ihrem Herzen widerhallten. Jeder Satz schien wie ein Hauch von Inspiration und Hoffnung. Sie spürte, wie die Energie des Augenblicks sie durchströmte und sie bereit machte, den nächsten Schritt in ihrem Leben zu gehen.

In diesem Moment wandte sich Jochen der untergehenden Sonne zu, gemeinsam standen sie nebeneinander, still und nachdenklich. Die Worte des Tages klangen in ihnen nach und vermischten sich mit den Farben des Himmels. Es war ein Augenblick der Verbundenheit und des gemeinsamen Wachstums.

Schließlich brach Anna das Schweigen und sagte mit einem leichten Zittern in ihrer Stimme: »Jochen, wie kann ich das, was ich durch dich gelernt habe, an andere weitergeben? Wie kann ich ihnen helfen, ihre Ängste zu überwinden?«

Jochen schaute sie mit einem weisen und liebevollen Lächeln an und legte sanft seine Hand auf ihre Schulter. »Anna,« antwortete er ruhig, »das Wissen um die künstliche und die echte Angst gehört nun auch dir. Du kannst anderen davon erzählen, von deinen Erfahrungen und wie du gelernt hast, mit ihnen umzugehen.«

Anna fühlte sich unsicher und zweifelte an ihren Fähigkeiten. »Ich weiß nicht, ob ich mir zutraue, anderen Menschen bei ihrer Angst zu helfen«, gestand sie leise.

Jochen drückte ihre Schulter sanft und lächelte beruhigend. »Anna, du musst nicht alle retten. Aber es gibt etwas, das du immer tun kannst: Mitgefühl zeigen und die Menschen ermutigen, sich ihren Ängsten zu stellen. Damit ist bereits viel getan.«

Mit diesen Worten zog er sie in eine herzliche Umarmung, und Anna spürte eine tiefe Dankbarkeit und Zuversicht. Sie wusste, dass sie bereit war, den nächsten Schritt in ihrem Leben zu gehen. Sie hatte den Mut, sich den Herausforderungen des Erwachsenenlebens zu stellen, und das Wissen, anderen auf ihrer Reise zu helfen.

Als sie sich voneinander lösten, sah Jochen sie stolz an. Er wusste, dass sie einen bedeutenden Einfluss haben würde, nicht nur auf ihr eigenes Leben, sondern auch auf das Leben anderer Menschen. Anna ging mit einem festen Schritt und einem Blick voller Entschlossenheit davon, während Jochen sich den neuen Aufgaben zuwandte, die auf ihn warteten.

In seinen Augen lag die Überzeugung, dass eine Welt ohne künstliche Angst eine bessere Welt ist. Für diese Überzeugung und für die Liebe würde er sich bis ans Ende seines Lebens einsetzen. Jeder Mensch, den er davon überzeugen konnte, die künstliche Angst zu überwinden, wurde zu einem Menschen, der den Mut hatte, sich der Welt und sich selbst mit Liebe zuzuwenden.

Und Liebe, das wusste Jochen, konnte es nie genug geben in einer Welt, die mit ihren vielen Überraschungen und Veränderungen allen Grund geben konnte, sich in die Angst zu flüchten. Doch er war zuversichtlich, dass Anna und viele andere wie sie den Mut finden würden, ihre Ängste zu überwinden und ihre Herzen der Schönheit und Magie des Lebens zu öffnen. Sie würden lernen, dass es in der Liebe und im Mitgefühl eine unendliche Kraft gibt, die uns alle verbindet und uns ermutigt, das Beste aus uns selbst und aus der Welt um uns herum zu machen.

Nachwort:
Ein angstfreies Leben ist möglich

Liebe Leserin, lieber Leser,

ich hoffe, du konntest auf den vorherigen Seiten Einblicke und Inspirationen für ein angstfreies Leben finden. Als ich vor mehr als zehn Jahren begann, mich intensiv mit meinen Ängsten auseinanderzusetzen, hätte ich niemals gedacht, dass ich eines Tages ein Buch darüber schreiben würde. Aber hier sind wir nun.

Die Begegnung zwischen Anna und mir ist zum Teil eine erfundene Geschichte. Aber ich kann dir sagen, dass ich viele Male in sehr ähnlichen Situationen war. Seit ich gelernt habe, mit meinen eigenen Ängsten umzugehen, treffe ich ständig Menschen, die mich um Hilfe bitten. Es scheint, als ob ich ein gewisses Licht ausstrahle, das diejenigen anzieht, die bereit sind, ihre Ängste anzugehen. So wie dieses Buch dich angezogen hat.

In der Tat, als Teil meiner Arbeit als Fahrlehrer und Coach leite ich Seminare zur Überwindung von Ängsten, da viele Menschen von diesen Ängsten gelähmt sind. Die Anforderungen sind gestiegen, ebenso wie der Wunsch vieler, ein Leben zu führen, das frei von Herausforderungen und Veränderungen ist, was natürlich eine Illusion ist.

Angst ist immer die Angst vor dem Unbekannten. Aber das Unbekannte macht uns nur Angst, wenn wir davon ausgehen, dass es schlecht ist. Es ist das Wesen des Unbekannten, dass wir nichts darüber wissen – weder, ob es gut noch, ob es schlecht ist. Aber wenn wir davon ausgehen, dass es gut ist, dann erhöht sich die Wahrscheinlichkeit, dass es auch gut sein wird. Wohin wir unsere Aufmerksamkeit lenken, das ziehen wir in unser Leben. Es ist eine Art selbsterfüllende Prophezeiung. Also, warum nicht eine positive Einstellung einnehmen und das Beste erwarten? Es ist eine einfache Entscheidung, die einen großen Unterschied machen kann.

Viele von uns lassen sich von ihren Ängsten beherrschen. Sie bestimmen unser Handeln, unsere Entscheidungen und letztendlich unser Leben. Doch ich möchte dir sagen, dass es möglich ist, sich von diesen Fesseln zu befreien und ein Leben zu führen, das von Mut, Selbstvertrauen und innerer Stärke geprägt ist.

Ein zentrales Element, das ich im Laufe meiner Reise entdeckt habe, ist die Macht unserer Gedanken. Unsere Gedanken formen unsere Realität. Wenn wir also ständig von Angst geprägt sind, werden wir eine angstgeprägte Realität erschaffen. Aber wenn wir lernen, unsere Gedanken zu kontrollieren und uns auf das Positive, das Mutige und das Stärkende zu konzentrieren, dann können wir eine Realität erschaffen, die diesen Qualitäten entspricht.

Angst ist ebenso eine Illusion wie die Vorstellung von einem völlig angstfreien Leben. Angst ist ein natürlicher Bestandteil des Lebens und dient dazu, uns vor Gefahren zu warnen. Es geht nicht darum, Angst zu eliminieren, sondern darum, sie zu verstehen, mit ihr umzugehen und uns nicht von ihr beherrschen zu lassen.

Ein entscheidender Schritt in diesem Prozess ist, sich mutig seinen Ängsten zu stellen. Angst ist ein mächtiges Gefühl, das uns stets etwas mitteilen möchte – ein Signal, dass es in unserem Leben etwas gibt, das unsere Aufmerksamkeit erfordert. Indem wir uns unseren Ängsten stellen und sie als das erkennen, was sie sind – nämlich Signale und nicht unausweichliche Wahrheiten -, können wir beginnen, unsere Beziehung zu ihnen zu verändern und sie als Chancen zur persönlichen Entwicklung zu nutzen.

Die Kräfte von Bewusstsein, Überbewusstsein und Unterbewusstsein sind unerlässlich, um innerhalb und außerhalb unseres Selbst zu navigieren. Das Bewusstsein ist sozusagen unser aktiver Denker, unsere unmittelbare Wahrnehmung der Welt. Es ist das, was wir nutzen, um Probleme zu lösen und Entscheidungen zu treffen. Betrachte es als den Kapitän deines Schiffs, der das Ruder in der Hand hält und entscheidet, wohin die Reise geht.

Dein Unterbewusstsein hingegen ist wie ein mächtiger Computer, der ständig im Hintergrund läuft. Es speichert all deine Erfahrungen und Lernprozesse, auch diejenigen, an die du dich nicht bewusst erinnern kannst. Stell dir vor, du möchtest Fahrrad fahren. Du steigst auf das Fahrrad, trittst in die Pedale und hältst das Gleichgewicht, ohne bewusst darüber nachzudenken. All das geschieht unbewusst, da dein Unterbewusstsein die notwendigen Informationen gespeichert und zur Verfügung gestellt hat.

Dein Überbewusstsein ist dein höheres Selbst, deine intuitive und spirituelle Ebene, die dich mit einem größeren Ganzen verbindet. Es ist wie der Leuchtturm, der dir bei Nebel und Dunkelheit den Weg weist. Wenn du dich zum Beispiel in einer schwierigen Situation befindest und nicht weißt, was du tun sollst, kannst du Ruhe finden, tief atmen und auf deine innere Stimme hören. Oftmals gibt dir diese intuitive Stimme die Antwort, nach der du suchst.

Um deine Herausforderungen zu meistern, musst du lernen, diese drei Ebenen optimal zu nutzen. Nutze dein Bewusstsein, um kluge Entscheidungen zu treffen und bewusst deine Handlungen zu steuern. Nutze dein Unterbewusstsein, um auf deine gespeicherten Fähigkeiten und Erfahrungen zurückzugreifen und sie in deinem Leben einzusetzen. Nutze dein Überbewusstsein, um dich auf eine größere Perspektive zu konzentrieren, deine Intuition zu stärken und den besten Weg nach vorne intuitiv zu erkennen. Indem du das Zusammenspiel dieser drei Ebenen verstehst und bewusst einsetzt, kannst du dein volles Potenzial entfalten und in jeder Situation die bestmöglichen Entscheidungen treffen.

Angst und Liebe sind grundlegende Emotionen, tief in unserer menschlichen Natur verwurzelt und oft als gegensätzliche Pole betrachtet. Die Angst kann uns dazu bringen, uns selbst zu isolieren und uns von der Welt und den Menschen um uns herum abzuschneiden. Sie lässt uns glauben, dass wir allein sind in unserem Leiden, dass niemand anders unsere Ängste und Sorgen nachempfinden kann. Doch die Angst ist auch ein Schutzmechanismus, der uns vor potenziellen Gefahren bewahrt und uns vorsichtig agieren lässt. Sie ist ein natürlicher Teil unseres menschlichen Lebens und sollte nicht ignoriert oder unterdrückt werden.

Im Gegensatz dazu steht die Liebe, die uns öffnet und uns verbindet – mit uns selbst, mit anderen Menschen und mit dem Leben selbst. Sie ist ein Gefühl von Verbundenheit und Wärme, das uns erfüllt und uns das Gefühl gibt, dass wir Teil von etwas Größerem sind. Die Liebe hat die transformative Kraft, die schmerzhaften Gräben der Angst zu überbrücken. Sie erschafft eine Brücke, über die wir gehen können, um von der Isolation zur Gemeinschaft, von der Dunkelheit ins Licht zu gelangen.

Liebe lehrt uns, dass wir alle miteinander verbunden sind, dass wir alle ähnliche Ängste, Sorgen und Herausforderungen haben. Sie zeigt uns, dass wir nicht allein sind und dass wir uns auf andere verlassen können. Indem wir uns selbst und anderen mit Liebe und Mitgefühl begegnen, können wir die Wände der Angst abbauen, die uns trennen. Wir können lernen, uns unseren Ängsten zu stellen, anstatt vor ihnen davonzulaufen. Wir können lernen, sie als Teil unserer menschlichen Erfahrung zu akzeptieren, ohne dass sie uns definieren oder unsere Handlungen bestimmen.

Wenn wir uns wirklich mit dem Leben, mit uns selbst und mit anderen Menschen verbinden, gibt es keinen Raum mehr für Angst. In der inneren Stille der Verbundenheit erkennen wir, dass die Angst nur eine Illusion ist, eine falsche Wahrnehmung der Realität. Und in dieser Erkenntnis finden wir die Freiheit, unser Leben voller Mut, Selbstvertrauen und Liebe zu leben.

Es ist dennoch wichtig, sich zu erlauben, Angst zu haben. Du lebst in einer Gesellschaft, die oft versucht, unangenehme Gefühle zu unterdrücken oder zu ignorieren. Aber indem wir unsere Ängste anerkennen und zulassen, können wir beginnen, sie zu verstehen und mit ihnen umzugehen. Auch das ist ein Akt der Liebe: das anzuerkennen, was ist, ohne es zu verdrängen oder zu leugnen. Wenn du Angst hast, bringt es nichts, dir selbst Vorwürfe zu machen, weil du Angst hast. Stattdessen musst du gut für dich sorgen und dir aus der Angst heraus helfen. Dann kannst du dich damit beschäftigen, wie du in Zukunft keine Angst mehr zu haben brauchst. Dazu gibt es in diesem Buch zahlreiche Hinweise und Tipps, die helfen können, deine Ängste zu überwinden und ein erfüllteres Leben zu führen.

Selbstfürsorge ist ein wichtiger Aspekt, der oft übersehen wird. Wenn wir uns um uns selbst kümmern, indem wir uns gesund ernähren, ausreichend schlafen, uns regelmäßig bewegen und Zeit für Aktivitäten finden, die uns Freude bereiten, stärken wir nicht nur unser Selbstvertrauen, sondern auch unsere Fähigkeit, mit Ängsten und Herausforderungen umzugehen.

Es ist eine weit verbreitete Annahme, dass andere Menschen dafür verantwortlich sind, unsere Bedürfnisse zu erfüllen und für uns zu sorgen. Diese Erwartungshaltung führt jedoch oft zu Konflikten und Enttäuschungen, da sie unrealistisch ist. Kein Mensch, selbst unsere Eltern, kann immer nur mit uneingeschränkter Liebe und Fürsorge reagieren. Jeder Mensch hat seine eigenen Bedürfnisse und Herausforderungen und ist nicht immer in der Lage, die Bedürfnisse anderer zu erfüllen. Diese Tatsache macht niemanden zu einem schlechten Menschen, sondern ist ein einfacher Teil des Menschseins. Manchmal müssen wir lernen, uns selbst zu pflegen und unsere Bedürfnisse selbst zu erfüllen, um Enttäuschungen zu vermeiden und gesunde Beziehungen zu fördern.

Selbstliebe und Egoismus werden manchmal verwechselt, doch sie repräsentieren zwei grundlegend verschiedene Konzepte. Selbstliebe ist nicht nur die Anerkennung und Wertschätzung der eigenen Person, sondern auch die Fähigkeit, gut für dich selbst zu sorgen und deine eigenen Bedürfnisse und Gefühle zu respektieren. Sie führt dazu, dass wir uns selbst so annehmen, wie wir sind, mit all unseren Stärken und Schwächen. Selbstliebe ist eine Quelle der inneren Stärke und Gelassenheit, die es uns ermöglicht, authentisch zu leben und gleichzeitig die Bedürfnisse und Gefühle anderer Menschen zu respektieren.

Egoismus hingegen zeichnet sich durch eine übermäßige Konzentration auf die eigenen Bedürfnisse und Wünsche aus, oft auf Kosten anderer. Ein egoistischer Mensch stellt seine eigenen Interessen über die der anderen und neigt dazu, die Bedürfnisse und Gefühle anderer zu ignorieren oder zu missachten. Egoismus führt oft zu Konflikten und Entfremdung, weil er das Wohlergehen anderer Menschen vernachlässigt.

Selbstliebe bedeutet nicht, dass du egoistisch bist. Selbstliebe bedeutet, dass du dich selbst genug wertschätzt, um für dein eigenes Wohlergehen zu sorgen, ohne dabei die Bedürfnisse und Gefühle anderer Menschen zu übersehen oder zu missachten. Selbstliebe ist die Basis für Mitgefühl und Empathie, während Egoismus oft zu Isolation und Konflikten führt.

Es ist wichtig, dir bewusst Zeit für Selbstfürsorge zu nehmen und dir selbst Liebe und Aufmerksamkeit zu schenken. Nur wenn wir gut für uns selbst sorgen, können wir auch für andere Menschen da sein und gesunde Beziehungen aufbauen. Selbstfürsorge ist keine egoistische Handlung, sondern ein Akt der Selbstachtung und Selbstrespekt. Indem wir uns um uns selbst kümmern, schaffen wir die Grundlage für ein erfülltes und glückliches Leben.

Schließlich möchte ich dich ermutigen, Unterstützung zu suchen. Es ist kein Zeichen von Schwäche, um Hilfe zu bitten. Im Gegenteil, es ist ein Zeichen von Stärke und Selbstbewusstsein, zu erkennen, dass wir nicht alles allein bewältigen können. Oftmals können wir von anderen Menschen lernen und von ihrer Erfahrung profitieren. Indem wir uns öffnen und um Hilfe bitten, öffnen wir uns auch für neue Möglichkeiten und Lösungen.

Ich bin der festen Überzeugung, dass wir alle das Potenzial haben, ein Leben zu führen, das nicht von Angst beherrscht wird. Es erfordert Arbeit, Mut und Hingabe, aber es ist möglich. Und es ist eine spannende Reise, die es wert ist, unternommen zu werden. Es ist wichtig, dass wir uns Zeit nehmen, um uns selbst besser kennenzulernen und unsere Ängste anzugehen. Indem wir den Mut haben, uns unseren Ängsten zu stellen, können wir wachsen und uns weiterentwickeln.

Dieser Prozess erfordert Hingabe. Es ist kein einfacher Weg, aber es ist ein Weg, der sich lohnt. Indem wir uns bewusst mit unseren Ängsten auseinandersetzen, können wir wachsen und uns weiterentwickeln. Es ist ein kontinuierlicher Prozess, der uns dazu bringt, unsere Grenzen zu erweitern und uns selbst besser kennenzulernen. Je mehr wir uns selbst verstehen, desto besser können wir mit unseren Ängsten umgehen und ein erfülltes Leben ohne Angst führen.

Ich hoffe, dass dieses Buch dir helfen kann, deine Ängste zu überwinden und ein Leben voller Mut, Selbstvertrauen und innerer Stärke zu führen. Es liegt in deiner Hand, die Veränderungen vorzunehmen, die du dir wünschst. Glaub an dich selbst und sei bereit, den ersten Schritt zu tun. Denk daran, dass du nicht allein bist auf diesem Weg. Es gibt Unterstützung und Hilfe, die dir zur Seite stehen.

In diesem Sinne wünsche ich dir viel Mut, Kraft und Zuversicht auf deinem Weg zu einem angstfreien Leben. Denke immer daran: Die Angst vor der Angst ist das Schlimmste. Wir haben die Macht, unser eigenes Leben zu gestalten. Nutzen wir sie. Egal wie lang der Weg sein mag, jede kleine Veränderung zählt und bringt uns näher zu einem Leben ohne Angst, zu einem glücklichen Leben.

Vielen Dank für deine Aufmerksamkeit und alles Gute auf deiner Reise zu einem angstfreien Leben.

Herzliche Grüße,
    Dein Jochen Raible

Um dich in deiner persönlichen Entwicklung weiter zu unterstützen, empfehle ich dir, an einem meiner Workshops teilzunehmen.

Infos unter: www.jochen-raible.com

Zusammenfassung

Bevor du anfängst, diese Zusammenfassung zu lesen, verrate ich dir eines meiner wichtigsten Geheimnisse: Wenn du diese Zusammenfassung nur einmal liest, bringt sie dir überhaupt nichts! Erst wenn du anfängst, die gelesenen Worte in dein tägliches Leben einzubauen und immer wieder hinterfragst, werden sie die Grundlage für den größten positiven Wandel deines Lebens bilden.

Dann lass uns beginnen, dein Leben zu lieben!

Fast alle Handlungen menschlicher Wesen gründen auf zwei der größten Emotionen:

Die eine ist die Liebe, und auf der anderen Seite der Liebe befindet sich die Angst. Bei der Angst musst du unterscheiden zwischen der künstlichen Angst und der natürlichen Angst. Die natürliche Angst benötigen wir, um zu überleben, sie schützt uns vor Gefahren. Die natürliche Angst wird gesteuert durch deinen Instinkt. Dein Instinkt ist dein Bauchgefühl, deine innere Stimme, die Stimme deiner Seele.

Alles, was dir dein Instinkt sagt, möchte grundsätzlich in Richtung Liebe oder in Richtung natürliche Angst, um dich vor möglichen Gefahren zu schützen.

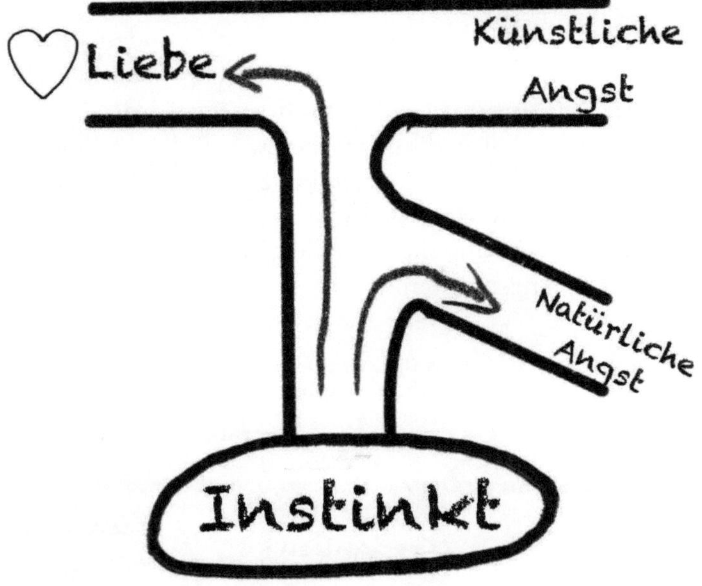

Für eine Entscheidungsfindung kannst du deine Gedanken aktivieren oder ganz einfach deinem Instinkt (deiner inneren Stimme, deiner Seele) vertrauen.

Jetzt erkläre ich dir, wie deine Gedanken funktionieren. Zunächst sollte dir bewusst sein, dass niemand als du selbst die Kontrolle über deine Gedanken zu haben hat. Denn deine Gedanken stehen unter ständigem äußerem Einfluss, zum Beispiel von der Arbeit oder der Schule, von Freunden oder der Familie. Es sind die Politik und die Religionen, die schon seit hunderten von Jahren versuchen, die Gedanken der Menschen zu manipulieren, und letztendlich sind es die Medien, denen es bei den meisten Menschen gelingt, durch ständiges Wiederholen

Zugang zu den Gedanken der Menschen zu finden, um sie so zu manipulieren, dass ihr Instinkt, ihr Bauchgefühl, mit der Zeit so gut wie außer Kraft gesetzt wird.

Das hat zur Folge, dass Entscheidungen deiner inneren Stimme, die von deinem Instinkt geleitet werden, die im Grunde auf dem Weg Richtung Liebe sind, durch deine Gedanken so manipuliert werden, dass sie dich in die künstliche Angst führen.

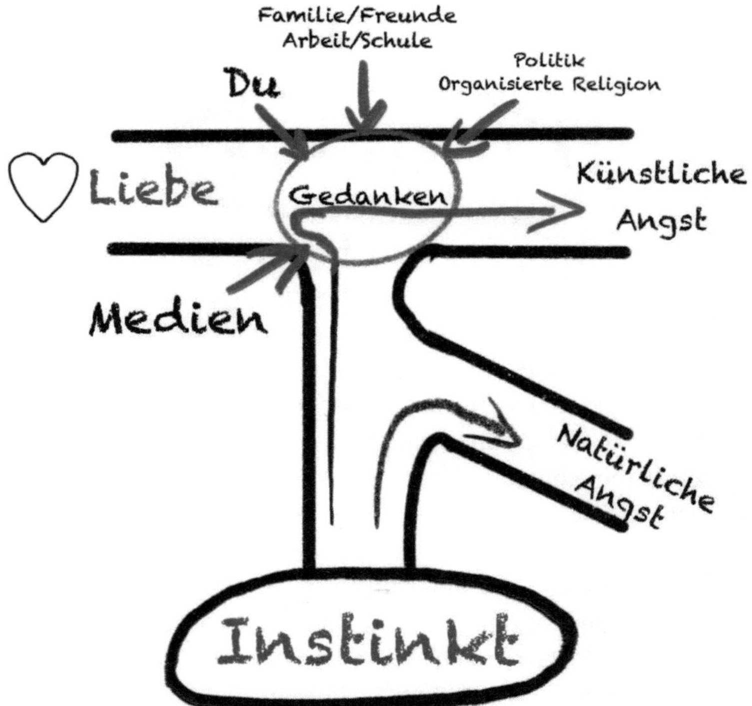

Eines solltest du wissen: Wer Angst macht, übt Macht aus. Also lasse nie zu, dass jemand die Macht über deine Gedanken übernimmt, sondern sei du immer der- oder diejenige, der / die Kontrolle über die eigenen Gedanken hat.

Du bist der wichtigste Mensch in deinem Leben. Lebe dein Leben so, dass du dich in den Vordergrund stellst, ohne egoistisch zu sein. Wenn es dir nicht gut geht, kann es auch deinem direkten Umfeld nicht gut gehen.

Wir haben auf dieser Erde keine Aufgabe, wir haben nur die Möglichkeit der Veränderung. Uns werden keine Bedingungen gestellt.

Wir sind hier auf dieser Erde, um uns zu erfahren und zu erkennen, wer wir sind (Liebe). Um zu erkennen, wer wir sind (Liebe), müssen wir oftmals erkennen, wer wir nicht sind (Angst), und um zu erkennen, wer wir nicht sind (Angst), müssen wir manchmal tiefe Niederlagen durchleben, um zu erkennen, wer oder was wir wirklich sind (Liebe)!

Wenn du die Wahl hast, zwischen diesen beiden Emotionszuständen zu entscheiden: Aus welcher Emotion würdest du am ehesten ein positives Ergebnis erzielen?

Aus der Liebe
oder
Aus der Angst?

Natürlich aus der Liebe, denn du bist Liebe! Das ist das, wonach unsere Seele unser Leben lang strebt. Um das zu erkennen, bist du hier! Du bist Liebe! Du musst es nicht erst werden, sondern erkennen, dass du schon immer Liebe bist und aus der Liebe kommst. Die Liebe ist unsere Heimat!

Angst ist das, was du nicht bist. Angst ist das Gegenteil von Liebe, das du in deiner Realität erschaffen hast, damit du erfahren und erkennen kannst, was du wirklich bist (Liebe)!

Du wirst bestrebt sein, das zu erfahren, was du bist (Liebe), wenn du mit deiner Erfahrung, was du nicht bist (Angst), durch bist!

Du bist auf die Welt gekommen ohne Angst in voller Liebe. Dann hast du erfahren, dass dein Umfeld Angst um dich hat. Diese Ängste und noch viele mehr haben sich auf dich übertragen.

Dieser Moment in deinem Leben ist sehr wichtig, denn jetzt sollte dir bewusst sein, dass du ohne deine Ängste wahrscheinlich nicht hier wärest, um die Entscheidung zu treffen, an deinem Leben etwas zu verändern. Also haben deine Ängste auch etwas Gutes, sonst wärest du nicht hier und würdest dieses Buch lesen.

Denke an das, was ich dir schon eben gesagt habe: Um zu erkennen, wer du bist (Liebe), musst du erkennen, wer du nicht bist (Angst).

Um ein glückliches Leben zu führen, solltest du lernen, auf deine Gefühle zu hören, auf deine innere Stimme, auf deine Intuitionen. Was du dazu benötigst, ist das dementsprechende »Bewusstsein«.

Sei dir bewusst, was du tust! Das bewusst sein ist das Leben im Hier und Jetzt. Der Moment, den du in diesem Augenblick lebst und in dem du mit deinen Gedanken nicht abschweifst, ist der Moment, den du in vollem Bewusstsein lebst.

Es gibt verschiedene Bewusstseinsarten und verschiedene Bewusstseinsebenen.

Viele Menschen sind der Meinung, dass man den Seinszustand nur in der Meditation erreichen kann. Dem ist nicht so. Du kannst den Seinszustand auch in verschiedenen Aktivitäten oder in verschiedenen Hobbys erfahren, wie zum Beispiel:

Beim Spazieren mit dem Hund: Beobachte die Umgebung und die Schönheit der Natur, den Vogel, den Schmetterling, die hübsche Frau oder den attraktiven Mann, der an dir vorbeiläuft. Bei verschiedenen Hobbys kannst du vollkommenes Bewusstsein erfahren, denn das ist der Moment, in dem du voll konzentriert bist auf das, was du hier und jetzt tust. Zum Beispiel beim Mountainbike fahren auf einem anspruchsvollen Trail, beim Motorradfahren, beim Kickboxen oder anderen Kampfsportarten, beim Tauchen, beim Lesen eines Buchs oder dem Hören eines Hörbuchs, bei einem Einsatz der Feuerwehr, während eines Höhepunkts beim Sex ...

In all den genannten Beispielen und in noch vielen mehr hast du die Möglichkeit, im Hier und Jetzt zu sein. Denn in diesen Situationen hast du keine Möglichkeit, mit deinen Gedanken in der Vergangenheit zu verweilen oder negative Gedanken in deiner Zukunft zu kreieren. Viele aktive Menschen sind daher glücklicher als diejenigen, die nur zuhause herumsitzen und mit ihren negativen Gedanken Ängste erzeugen.

Dein Bewusstsein steuert das Leben im Hier und Jetzt, es sind deine Gedanken, die Einfluss darauf haben. Sobald du anfängst, aktiv zu werden, wie zum Beispiel durch Sport treiben, spazieren gehen oder sonstige Dinge unternimmst, die dir Spaß machen, schaffst du die Grundlage, positive Gedanken in deiner Zukunft zu kreieren. Gleichzeitig bilden sich auch die dementsprechenden Hormone, welche die Grundlage schaffen, glücklich zu sein.

Was erfolgreiche Menschen bei verschiedenen Arten des Sports von ihrem eigentlichen Glück oft abhält, ist ihr Ego!

Die drei wichtigsten Arten des Bewusstseins sind

1.	Das Bewusstsein
2.	Das Unterbewusstsein
3.	Das Überbewusstsein

Bewusstsein

Das Bewusstsein ist der Erfahrungsort, wo du die Realität wahrnimmst von dem, was du in diesem Augenblick in deinen »Gedanken« denkst, aussprichst und erschaffst.

Du kannst dein Bewusstsein beeinflussen, indem du lernst, deine Gedanken zu kontrollieren und zu steuern!

Gehe hinaus in dein Leben und versuche bei dem, was du tust, in deinen Gedanken nicht abzuschweifen. Bleibe mit deinen Gedanken immer genau bei dem, was du tust. Das funktioniert am Anfang nicht über die ganze Zeit, aber für kurze Momente wirst du keine Probleme oder Ängste haben. Das ist bewusstes Leben. Es sei denn, du bringst dich durch negative Gedanken bewusst in Angst: Dann hast du bewusst Angst erzeugt, was du bestimmt nicht möchtest, und die dich in deinem Leben nicht zu deinem eigentlichen Ziel führt. Deine Gedanken steuern dein Bewusstsein.

Unterbewusstsein

Das Unterbewusstsein kannst du dir wir einen Speicherort vorstellen. Alle Situationen, die in deinem Unterbewusstsein sind, werden, ohne darüber nachzudenken, abgerufen und gesteuert, ganz gleich, ob es sich hierbei um einen physischen oder nicht physischen Prozess handelt.

Das Lehren über das Unterbewusstsein ist eine der ältesten Arten des Lehrens.

Um etwas in deinem Unterbewusstsein zu integrieren, gibt es drei grundlegende Möglichkeiten:

1. Machen oder denken wir etwas zum ersten Mal und machen es gleich richtig, dann ist es schon positiv in unserem Unterbewusstsein verankert. Machst du beim ersten Mal etwas falsch, ist auch das in deinem Unterbewusstsein verankert, aber nicht positiv, sondern negativ. Deshalb ist es wichtig darauf zu achten, was du denkst und wie du deine Gedanken in die Handlung umsetzt. Sind deine Gedanken positiv, wird auch deine Handlung positiv sein. Sind deine Gedanken negativ, wird auch deine Handlung negativ sein.

2. Die zweite Möglichkeit, etwas in unser Unterbewusstsein zu bekommen ist, dass wir etwas 27 Mal

bewusst denken, tun oder wiederholen. Hier ist es genau dasselbe. Machst du 27 Mal hintereinander etwas richtig, ist alles gut. Denkst oder machst du 27 Mal hintereinander etwas falsch, ist das, was du gemacht hast, auch falsch in deinem Unterbewusstsein verankert.

3. Die dritte Möglichkeit: Wir machen uns beim Einschlafen oder beim Aufwachen im Bett Gedanken über etwas. Und bitte, mach dir positive Gedanken, denn sonst kreierst du dir durch deine Gedanken deine eigene Hölle. Man nennt das Ganze auch »kontemplieren«. Das heißt, du stellst dir vor, wie du dich selbst siehst, wenn du etwas tust. Du kreierst in deinen Gedanken eine Geschichte, wie du sie haben möchtest, und schaust dir dabei selbst zu, wie du es für dich in deinen Vorstellungen umsetzt. Manche machen so etwas auch unter der Dusche, da funktioniert so etwas auch, kann nur etwas teuer werden, da du für manche Situationen schon mal eine oder zwei Stunden benötigst, um es zu kontemplieren.

Jetzt kannst du sehr gut erkennen, dass sehr viel von deinem Handeln unter dem direkten oder indirekten Einfluss unseres Unterbewusstseins steckt und nur du allein die Macht darüber hast, ob das Ergebnis positiv oder negativ wird.

Dein Unterbewusstsein kann sofortige Lösungen für Situationen kreieren. Es überprüft hereinkommende Daten, bedient sich seines Erinnerungsspeichers und liefert wiederum automatisch ein Schnellfeuer an Reaktionen auf eine Unzahl von Situationen, die du zuvor entweder gleich beim ersten Mal richtig gemacht hast, 27 Mal richtig wiederholt hast oder über die du dir in der Nacht, vor dem Schlafengehen oder beim Aufwachen gute Gedanken gemacht hast.

Das bedeutet für dich, dass die Handlungen aus deinem Unterbewusstsein außerhalb deiner Gedanken stattfinden: Du tust etwas, ohne darüber nachzudenken.

Sei dir jedoch bewusst: Um etwas in dein Unterbewusstsein zu bekommen, musst du im ersten Schritt darüber nachdenken, WAS du tust. Das Ganze findet auf der Bewusstseinsebene (Gedankenebene) statt, und achte bitte darauf, dass deine Gedanken positiv sind, um sie in deinem Unterbewusstsein zu verankern. Versuche während eines Prozesses, der aus deinem Unterbewusstsein kommt, nicht anzufangen zu denken.

Überbewusstsein

Das Überbewusstsein sagt dir, was du tun sollst, und führt dich fortwährend zu deiner nächsten, am meisten erwünschten Wachstumserfahrung.

Es kann auch vorkommen, dass dich eine von deinem Überbewusstsein getroffene Entscheidung in eine unangenehme Situation führt. Diese Situation ist jedoch notwendig, um dich vor anderen Gefahren zu schützen oder dich auf einen anderen Weg zu bringen, der dich in deinem Leben weiterbringt, dich selbst aus dieser Situation zu erfahren, zu erfahren, wer du bist (Liebe). Diese Entscheidungen bringen dich immer an dein eigentliches Ziel, und diese Wege sind nicht immer angenehm.

Das Überbewusstsein ist unsere innere Stimme. Es wird gesteuert durch deine Intuitionen, das ist die Seelenebene, dein Bauchgefühl. Das Überbewusstsein ist der Erfahrungsort, an dem wir auf unsere innere Stimme hören. Der Erfahrungsort unserer inneren Stimme ist grenzenlos. Hier müssen wir nur lernen, unserer inneren Stimme, unserem Gefühl zu vertrauen. Das Ganze gestaltet sich anfangs etwas schwierig, da dir in der Schule und in dem System, in dem wir leben, beigebracht wird, auf deine Gedanken zu hören. Doch es ist einfacher als du denkst, dem entgegenzuwirken, denn du sollst, um auf deine innere Stimme zu hören, einfach aufhören zu denken! Das ist einer der wichtigsten Schritte zur Umsetzung und Veränderung deines Lebens. Fang bitte nicht an zu denken bei einem überbewussten Prozess!

Geh ins Vertrauen! Lerne, deinem Überbewusstsein, deinem Gefühl, zu vertrauen!

Unsere Gedanken sind jedoch sehr wichtig, denn wenn es um eine Handlung geht, wird sie durch deine Gedanken gesteuert. Diese Gedanken benötigen wir zum Beispiel, um etwas in unser Unterbewusstsein zu bekommen und um andere wichtige Entscheidungen in unserem täglichen Leben zu treffen.

Wir befinden uns in dem Prozess des Überbewusstseins, jedoch vor der Handlung. Wir befinden uns bei diesem Thema bei dem sogenannten »ersten Gedanken«. Dieser erste

Gedanke ist meist ein Gefühl. Das ist dein Überbewusstsein und findet außerhalb unserer Gedanken statt. Einfach erklärt ist es der Gedanke vor deinem Gedanken. Hierbei handelt es sich um ein Gefühl oder um eine Intuition; daraus kommst du dann in die nächste Ebene und kannst aus den Intuitionen ins Erschaffen kommen. In diesem Fall hat dir dein Gefühl, deine Intuition zu einem Gedanken verholfen, den du dann durch dein Bewusstsein umsetzen kannst. So funktioniert die Verbindung von unserem Überbewusstsein zum Bewusstsein, und aus dem Bewusstsein kannst du dann in die Handlung gehen. Es sei denn, du vertraust dem Unterbewusstsein nicht und fängst an zu denken. Dann bringt dich diese Entscheidung nicht zu deiner nächsten am meisten erwünschten Wachstumserfahrung.

Jetzt sprechen wir über die Verbindung zwischen deinen Gedanken (Bewusstsein) zum Überbewusstsein. Das Bewusstsein kann sich mit unserem Überbewusstsein verbinden. Manche drücken das als Verbindung zwischen Geist (Bewusstsein) und Seele (Überbewusstsein) aus.

Der Dreh- und Angelpunkt zwischen unserem Bewusstsein und unserem Überbewusstsein ist die Zirbeldrüse, auch das »dritte Auge« genannt. Die Zirbeldrüse verbindet den Gedanken aus dem Bewusstsein mit dem Überbewusstsein. Diese Verbindung kann jedoch nur bei einer intakten Zirbeldrüse stattfinden, über die es schon sehr interessante Literatur gibt.

Weshalb ist die Verbindung zwischen dem Bewusstsein und dem Überbewusstsein so wichtig?

Jetzt steigen wir in das Thema mit Frequenzen und Schwingungen ein. Alles auf dieser Erde hat mit Frequenz und Schwingung zu tun. Um eine positive Schwingung erzeugen zu können, benötigen wir einen bewussten Gedanken, der durch die Zirbeldrüse an das Überbewusstsein weitergeleitet wird. Erst wenn der positive Gedanke an das Überbewusstsein weitergeleitet wird, entsteht durch das Überbewusstsein, durch dein Gefühl eine Frequenz, die in eine Schwingung umgewandelt wird. Im Fall eines positiven Gedankens wird diese Frequenz hoch sein und in eine hohe Schwingung umgewandelt.

Je höher deine Schwingung ist, desto besser geht es dir. Je niedriger deine Schwingung ist, umso schlechter wird es dir damit ergehen.

Letztendlich sind es die Emotionen, die sich auf die Schwingung auswirken. Positive Emotionen erzeugen hohe Schwingungen, negative Emotionen niedrige Schwingungen.

An diesem Punkt möchte ich noch auf den Unterschied zwischen sensiblen und weniger sensiblen Menschen eingehen: Emotionen haben extreme Auswirkungen auf sensible Menschen. Positive Emotionen wirken sich bei sensiblen Menschen meist durch sehr hohe Schwingungen aus. Es ist sehr angenehm, sich in der Nähe positiv gestimmter, sensibler Menschen zu befinden. Positive Emotionen äußern sich bei sensiblen Menschen oft durch Freudentränen, daran sind sie leicht zu erkennen. Negative Emotionen hingegen haben auf sensible Menschen eine nahezu zerstörerische Wirkung. Wer sensibel ist und sich in einer toxischen Beziehung befindet, egal ob es sich hierbei um eine Partnerbeziehung, Geschäftsbeziehung, oder sonstige Beziehungen handelt, sollte diese schnellstmöglich beenden oder verändern. Negative Emotionen können bei sensiblen Menschen viel schneller zu Krankheiten und Unwohlsein führen. Deshalb ist es in solchen Situationen für sensible Menschen wichtig, sich so schnell wie möglich auf bewusster Ebene durch lösungsorientierte Gedanken (Bewusstsein) aus den jeweiligen negativen Situationen zu manövrieren.

Hohe Schwingungen sind auch wichtig für dein Umfeld, denn wenn es dir nicht gut geht, geht es auch den Menschen und Tieren um dich herum nicht gut. Viele wollen Beziehungen nicht beenden, weil sie der Meinung sind, dass sie dadurch dem Partner oder dem Kind Schaden zufügen. Leider ist den meisten Menschen nicht bewusst, dass sie mit dieser Entscheidung dazu beitragen, dass ihr Umfeld – und damit meine ich nicht nur Kind und Partner, sondern auch die Haustiere – sich nicht wohl fühlen und oftmals durch einen zu hohen Einfluss tiefer Schwingungen in ein Unwohlsein geraten, aus denen Krankheiten entstehen, deren Ursprung niemand begreift.

Um durch unsere Gedanken (unserem Bewusstsein), eine hohe Schwingung und somit auch eine positive Emotion erzeugen zu können, benötigen wir die Schnittstelle der Zirbeldrüse.

Die Umsetzung ist zu Beginn nicht immer einfach, denn der einfache Weg bringt dich nicht immer an dein Ziel. Manche Menschen verbringen ihr Leben lang damit, den Weg des geringsten Widerstandes zu gehen und sind im Alter unglücklich, spielen mit Selbstmordgedanken oder landen in einem Hospiz und vegetieren vor sich hin, bis sie endlich sterben dürfen, und kommen vielleicht in ihrem nächsten Leben wieder hierher und stehen wieder vor denselben Problemen, bis sie erkennen, dass es im Leben in diesem Bereich nichts geschenkt gibt.

Um glücklich zu sein, muss man arbeiten, aber man muss eigentlich nichts. Nein, ich widerspreche mir nicht, ich möchte dir nur sagen, dass du allein die Wahl hast, das zu werden, was du sein möchtest. Du hast die Wahl zu entscheiden zwischen Liebe oder Angst! Die meisten von euch sind sich ihrer überbewussten Absichten auf bewusster Ebene nicht gewahr.

Sobald wir anfangen, bei einem überbewussten Prozess zu »DENKEN«, können wir diesen nur negativ beeinflussen. Also lerne, auf deine Gefühle zu hören, dann bleibt dir das Denken erspart.

Je mehr du daran arbeitest, umso leichter wird es dir fallen, denn das Überbewusstsein ist wie ein Muskel: Je mehr du damit arbeitest, um so unkomplizierter kannst du damit umgehen.

Die Bewusstseinsebenen

Je mehr du dich mit den verschiedenen Arten des Bewusstseins in deinem Leben beschäftigst, umso höher steigst du in deiner Bewusstseinsebene.

Wir unterscheiden zwischen den verschiedenen Bewusstseinsarten bewusst, unterbewusst, überbewusst und den Bewusstseinsebenen.

Die Wahrnehmung deines Bewusstseins ändert sich mit steigender Bewusstseinsebene. Du nimmst Dinge anders wahr, je höher du in deiner Bewusstseinsebene steigst.

Auch die Auswirkungen deiner Gedanken und Handlungen nehmen ein extremeres Ausmaß an, und zwar im Positiven wie im Negativen.

Hier habe ich für dich eine Bewusstseinsskala nach David Hawkins. Schau sie dir bitte von unten nach oben an.

Wert	Bedeutung	Lebenseinstellung
400	Vernunft, Verstand	bedeutungsvoll
350	Akzeptanz, Produktivität, Verziehen, Erfolg	harmonisch
310	Bereitwilligkeit, Optimismus	hoffnungsvoll
250	Neutralität, Zuversicht, Vertrauen	befriedigend
200	Mut, Ermächtigung, Courage, Integrität	machbar
175	Stolz, Angeberei, Arroganz, Verachtung	anspruchsvoll
150	Ärger Wut, Zorn, Hass, Aggressionen	feindselig
125	Gier, Bergehren, Verlangen	enttäuschend
100	Angst, Rückzug	beängstigend
75	Trauer, Kummer, Scheitern, Verzweiflung	tragisch
50	Apathie, Hoffnungslosigkeit, Aufgabe	hoffnungslos
30	Schuldgefühle, Bosheit	böse
20	Scham, Schande, Erniedrigung	elendig

Wie du erkennen kannst, befinden sich am unteren Ende der Skala die nicht so schönen Momente deines Lebens, und je höher die Zahlen steigen, wird alles besser, schöner und positiver.

Laut Hawkins befinden sich über 80 Prozent der Menschheit unter 200 auf der Skala.

Die Frage ist an dieser Stelle nicht, wo du bist, sondern wo du in Zukunft sein wirst.

In den Bewusstseins-Ebenen kannst du dir keine Ziele setzen, hier kannst du nur sein – an einem Tag traurig und am anderen Tag wieder in der Liebe. Irgendwann wirst du nur noch wenige Momente in der Trauer und immer mehr in der Liebe verweilen. Dies sind Seinszustände.

Lebe bewusst, stell dich dem Leben und deinen Ängsten, erschaffe dich selbst jeden Tag ein Stück mehr, erkenne jeden Schicksalsschlag als eine neue Herausforderung und Möglichkeit der Veränderung, überdenke jeden negativen Gedanken und verwandle ihn in einen positiven!

Das Leben im Jetzt ist ein Leben außerhalb künstlicher, negativer Gedanken. Sei mit deinen Gedanken nicht in der Vergangenheit und mit deinen negativen Gedanken nicht in der Zukunft.

Beschäftige dich mit dem, was dich in deine selbsterschaffene Hölle geführt hat: mit deinen Ängsten.

Woher kommt die Angst

Zunächst solltest du dir bewusst werden, woher Ängste eigentlich kommen, und dafür gibt es nur zwei Möglichkeiten:

1. Durch dein Gefühl aus der natürlichen Angst, das aus deinen Intuitionen und deinem Bauchgefühl entsteht und das dir auch nichts Böses möchte. Diese Angst brauchst du, um dich am Leben zu halten und um dich vor Gefahren zu schützen.

2. Die zweite Möglichkeit ist dein Gedanke, mit dem du dir deine eigene Hölle kreierst, in der du eventuell schon viele Jahre verbringst. Diese Ängste sind Bestandteil deiner Vergangenheit oder deiner negativen Gedanken, die du dir in deiner Zukunft kreierst.

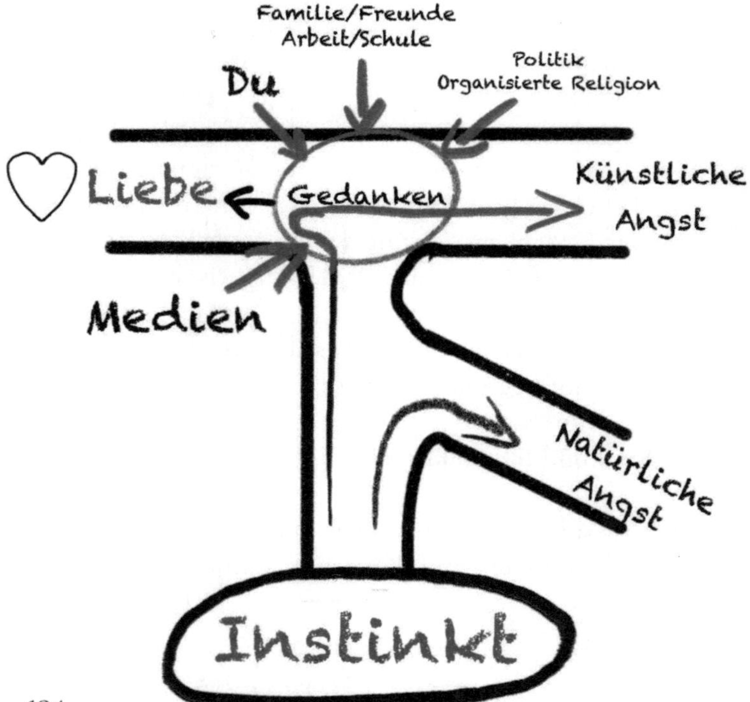

Um den Weg aus deiner eigen kreierten Hölle zu bestreiten, musst du an dir arbeiten. Am Anfang wird es dir etwas schwerfallen, aber je mehr du dich mit der Lösung deiner Ängste beschäftigst, umso mehr wirst du Spaß daran finden. Und irgendwann wirst du dankbar sein, diese Hölle durchlebt zu haben.

Ignoriere deine Ängste nicht. Überspiele sie auch nicht, sondern stelle dich deinen Ängsten. Schau deinen Ängsten in die Augen, dann verlieren sie ihre illusionäre Form. Erst, wenn du deine Ängste annimmst, kannst du sie auch loslassen, sonst werden sie immer irgendwo als Illusion existieren, und das Loslassen von Ängsten ist wirklich so einfach wie gesagt: Hör einfach auf, darüber nachzudenken, und das schaffst du, sobald du lernst, deine Gedanken zu kontrollieren.

Wie gesagt: Die Angst hat ihren Ursprung meist in der Vergangenheit oder in negativen Gedanken über die Zukunft.

Angst vor Unbekanntem

Wenn du Angst hast vor etwas Unbekanntem, hast du die Möglichkeit, dich mit einer Situation auseinanderzusetzen oder dich an sie heranzutasten.

Hier ein Beispiel: Bist du schon einmal im Schwimmbad von einem Zehn-Meter-Sprungbrett heruntergesprungen oder hast oben gestanden und Angst gehabt? Wenn ja, dann taste dich langsam heran und springe zunächst vom Drei-Meter-Brett.

Je öfter du vom Drei-Meter-Brett springst, umso mehr Vertrauen wirst du bekommen. Sobald du dich sicher fühlst, gehst du auf fünf Meter und machst dasselbe. So verfährst du weiter, Schritt für Schritt, bis du dann auf zehn Metern stehst.

Solltest du immer noch Angst haben, hör auf dein Gefühl und springe nicht! Sonst würdest du deinem Ego Macht über dich verleihen, und das kann sehr weh tun. Nicht zu springen wäre in diesem Fall die beste Entscheidung. Das ist deine natürliche Angst, die dich davor bewahrt, dir selbst weh zu tun. Das ist deine innere Stimme, die dir sagt, was besser für dich ist. Und das ist der Anfang einer Freundschaft, eines Freundes, der schon immer in dir wohnt, dessen Stimme du jedoch nie Aufmerksamkeit geschenkt hast, da dich deine Gedanken zu sehr manipuliert haben, deiner inneren Stimme ein Gehör zu verleihen.

Angst, Fehler zu machen

Fehler sind nach dem Beobachten die besten Möglichkeiten, dich zu erschaffen und die beste Möglichkeit für eine Veränderung in deinem Leben!

Machst du einen Fehler, hast du die Möglichkeit, ihn zu analysieren und beim nächsten Mal etwas daran zu verändern.

Regst du dich über einen Fehler zu sehr auf, beschäftigst du dich weniger damit, eine Lösung zu finden und hast somit nichts verändert, sondern lebst immer noch in der

Angst, keinen Fehler machen zu wollen! Auch hier spielt das Ego wieder eine große und negative Rolle.

Angst vor Krankheiten

Vor Krebs musst du keine Angst haben, Krebs ist eine Schutzfunktion deines Körpers.

Ohne Krebs würden sehr viele Menschen sterben, ihr Körper würde vergiftet werden. In Zeiten, in denen es dir schlecht geht, übersäuert dein Körper, und es bilden sich Toxine. Dein Körper sammelt diese Toxine, um dich am Leben zu erhalten in Form eines Tumors. Dein Gefühl sagt dir, wenn mit dir etwas nicht stimmt, dir geht es schlecht. Jetzt hast du die Möglichkeit, etwas an deinem Leben zu verändern. Veränderst du nichts oder kommst nicht in die Handlung, kann dies irreparable Folgen für dich haben.

Krebs und die meisten anderen Krankheiten entstehen zu über 80 Prozent aus zu tiefen Schwingungen, die dein Leben beeinflussen.

Grundsätzlich ist eine Krankheit immer eine Reaktion auf etwas, was in deinem Leben nicht stimmt. Auch hier hast du die Möglichkeit, etwas an deinem Leben zu verändern. Krankheiten sind Hilferufe deiner Seele, und ein Arzt hat nicht immer die beste Lösung parat. Denn er beschäftigt sich mit deinen Symptomen, behandelt jedoch nicht die Ursache der Krankheit, die kannst nur du selbst kontrollieren.

Angst zu sterben

Die Angst zu sterben ist wohl die größte Angst in der Menschheitsgeschichte. Drehen wir die Angst vor dem Sterben einmal um 180 Grad herum. Stelle dir vor, der Tag deines Todes wäre der schönste Tag in deinem Leben, wie würdest du dann damit umgehen?

Der Tag, an dem deine Seele deinen Körper verlassen wird, wird der schönste Tag deines Lebens sein, und damit ist der Tod der Beginn eines neuen und immer besseren Abschnittes deines »SEINS«.

Doch hier endet die Reise nicht. Der Tod ist nur ein weiterer Weg, den wir alle gehen werden. Es kommt nur darauf an, wohin es danach geht, und meiner Meinung nach haben wir in diesem Leben die Möglichkeit, dies zu beeinflussen. Je höher du in deiner Bewusstseinsebene sein wirst, umso einfacher und schöner wird der Weg sein.

Erst wenn du verstehst, dass du keine Angst haben musst zu sterben, hast du auch keine Angst mehr zu leben. Erst dann kannst du dein Leben in vollen Zügen genießen, und die Wahrscheinlichkeit, dass dir Böses widerfährt, ist bei diesen positiven Gedanken ohne die Angst vor dem Sterben viel geringer!

Vor Angst Suizid begehen

Wenn du dich selbst umbringst, weil du über deine Probleme nicht hinaussehen kannst, hörst du auf, dich zu erschaffen und hörst auch auf, an der Erkenntnis zu arbeiten, wer du bist (Liebe)! Da du in diesem Leben diesen Prozess abgebrochen hast, wirst du meiner Meinung nach wiedergeboren und in deinem nächsten Leben noch einmal vor dieselben Probleme gestellt! Das bedeutet, noch einmal alles durchmachen, um vor demselben Problem zu stehen.

Möchtest du in deinem nächsten Leben all diesen Aufwand wieder betreiben, um wieder vor der gleichen Situation zu stehen? Oder versuchst du, die Situation in diesem Leben zu bewältigen, um nach deinem natürlichen Tod die Wahl zu haben, welchen Weg du gehen möchtest?

Über diese Themen Tod und Suizid schrieb Neale Donald Walsch das Buch »Zuhause in Gott, das Leben nach dem Tod«. Du musst nicht an Gott glauben, um seine Bücher zu lesen, sie sind völlig neutral geschrieben.

Ängste bewältigen

Die Sache, der du dich widersetzt, bleibt bestehen. Was du dir anschaust, verschwindet. Das heißt, es verliert seine illusionäre Form. Du siehst es als das, was es »IST«. Und was IST, kann immer verändert werden. Deshalb begib dich in das IST-Sein, wenn du Veränderung willst.

Denn wenn du den Blick von der Angst abwendest, kannst du sie nicht auflösen. Um die Ängste aufzulösen, musst du sie anschauen, dich mit ihnen beschäftigen und Lösungen finden.

Der erste Schritt, den du gehen kannst, für den Fall, dass dir jemand etwas angetan hat und du daraus eine Angst entwickelt hast, ist der, deinem schlimmsten Feind zu vergeben. Und ich setze noch einen drauf. Sei ihm dankbar, dass er dich hierhergeführt hat, denn ohne ihn hättest du diesen Schritt vielleicht nie getan, und dieses Buch hätte dir nicht geholfen, dein Leben zu verändern!

Niemand erwartet etwas von dir. Die Frage ist nur, ob du die Gelegenheit erkennst oder weiter blind durch dein Leben gehst.

Wenn du das für dich einmal erkannt hast und lernst, einzelne Prozesse in dein Leben einzubauen, fällt es dir immer leichter, und dein Leben macht dir immer mehr Freude. Du wirst gleichgesinnte Menschen anziehen und wirst dich mit glücklichen Menschen umgeben, denen es genauso ergangen ist wie dir.

Ich kann dir sagen, dass es aktuell die Mehrheit der Menschen ist, die in Ihrer eigenen Hölle der Angst gefangen sind und keinen Weg herausfinden.

Die größte und wertvollste Möglichkeit, die du irgendwann einmal haben wirst, ist die, den Menschen zu helfen, aus ihrer eigen kreierten Hölle herauszukommen. Sei dir jedoch dessen bewusst, dass du keinem Menschen aktiv helfen kannst, denn jeder Mensch kann sich nur selbst helfen. Du bist nur der Wegweiser, wie ich der Wegweiser für dich bin.

Beginne, deine negativen Gedanken der Angst in positive Gedanken oder in eine positive Geschichte umzuwandeln, so wie du sie haben möchtest. Es ist alles so einfach! Du machst es nur in deinen Gedanken so kompliziert.

Es gibt keinen erfolgreichen Menschen auf dieser Welt, der nachhaltig erfolgreich und gleichzeitig glücklich ist, ohne dass er durch irgendwelche Situationen in seinem Leben zunächst seine eigene Hölle kreiert hat. Erst der Weg aus dieser Situation, der Weg aus seiner Hölle, hat ihn zu einem glücklichen und erfolgreichen Menschen gemacht. Es geht um das »sich erschaffen«.

Du bist hier, um zu entscheiden und zu erklären, zu erschaffen und auszudrücken, zu erfahren und zu erfüllen, wer du wirklich bist. Dich in jedem Moment aufs Neue wieder zu erschaffen in der großartigsten Vision, die du je von »wer du wirklich bist« (Liebe) hattest. Das ist der Sinn und Zweck deiner Menschwerdung, und das ist der Sinn und Zweck allen Lebens!!!

Schön, dass es dich gibt!

Und schön, dass du dieses Buch schon bis hierher gelesen hast, denn das ist der Anfang einer Freundschaft zu deiner inneren Stimme (deine Seele), der du bisher wahrscheinlich noch nicht so viel Gehör geschenkt hast.

Du kannst nichts an deiner Vergangenheit ändern! Die künstliche Angst hat ihren Ursprung in der Vergangenheit oder in negativen Gedanken über die Zukunft. Lerne deine Gedanken zu kontrollieren, dann lernst du dein Leben zu kontrollieren. Lerne deiner inneren Stimme zu vertrauen, denn diese führt dich fortwährend zu deiner nächsten, am meisten erwünschten Wachstumserfahrung.

Es gibt zwei verschiedene Möglichkeiten, eine Entscheidung zu treffen.

1. Bauchentscheidung, Gefühl, Intuitionen: Das ist deine überbewusste Ebene, deine innere Stimme.

2. Deine Kopfentscheidung: Das ist die bewusste Ebene, deine Gedanken.

Solltest du mit dir selbst im Konflikt stehen, dass dir dein Gefühl das eine sagt und dein Kopf etwas anderes, kommt der erste Gedanke immer aus deinem Gefühl. In diesen Situationen ist es nicht ratsam, seine Gedanken zu steuern. Hier solltest du erkennen, dass dies deine innere Stimme ist, die zu dir spricht. Lerne ihr zu vertrauen. Das ist wie ein Muskel, den du trainierst. Je öfter du deiner inneren Stimme vertrauen schenkst, umso leichter fällt es dir, auf sie zu hören.

Gefühle sind die Sprache der Seele!

Unsere Gefühle sind kein Werkzeug. Das mächtigste Werkzeug ist unser Gedanke. Lerne, dein Gedanken bewusst einzusetzen, und du kontrollierst dein Leben.

Ein Gedanke hat so viel Macht über »DICH«, wie du diesem Gedanken an Macht gibst, positiv wie negativ!

Du kannst deine Gedanken beeinflussen, indem du lernst, deine Gedanken zu kontrollieren!

Zu Beginn sollten wir lernen, alle negativen Gedanken:

1. loszulassen durch Vergebung,

2. sie zu eliminieren,

3. am besten keine negativen Gedanken zu produzieren,

4. negative Gedanken in positive umzuwandeln.

Die zwei größten Emotionen, die unsere Gedanken hervorrufen können, sind

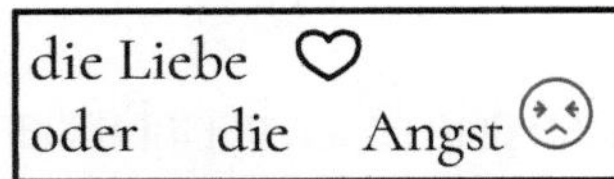

Wofür würdest du und würde jeder Mensch sich entscheiden? Natürlich für die Liebe. Niemand würde sich für die Angst entscheiden, die meisten Menschen wissen nur nicht, dass sie eine Wahl haben, und jeder hat die Wahl, sich für die Liebe zu entscheiden!

Sobald du einen Gedanken hegst, setzt du etwas Machtvolles in Bewegung. Stell dir vor, dieser Gedanke wird ins Universum gesendet. Das ist der erste Schritt des Erschaffens. Im Universum befindet sich so etwas wie ein Spiegel. Dieser Spiegel verleiht dem Gedanken Kraft und wird wieder auf die Erde zurückgesandt. War der Gedanke negativ, ist auch das Ergebnis negativ. War der Gedanke positiv, wirst du auch ein positives Ergebnis erzielen.

Wie deine Gedanken dein Umfeld beeinflussen

Durch die Angst um ein Kind, einen Partner, Freunde oder Angehörige sendest du einen negativen Gedanken in das Universum und bekommst oftmals ein negatives Ergebnis, indem anderen etwas passiert. Deshalb sorge dich nicht und kontrolliere deine Gedanken stets ins Positive oder kreiere für dich eine neue Geschichte, in der alles positiv verläuft. Dein Umfeld wird es dir danken.

Wie andere durch negative Gedanken dein Leben beeinflussen

Hat jemand Angst um dich, kann es genauso negativ enden. Deshalb solltest du dafür sorgen, dass dein Umfeld sich nicht um dich sorgt, sondern dir bei allem, was du tust, viel Spaß, Glück und Freude wünscht! Deshalb ist es auch sinnvoll, sich von negativen Menschen fernzuhalten. Umgib dich mit glücklichen Menschen, denn sie stecken dich an mit ihrer Freude, und das wird dir guttun.

Lebe mit deinen Gedanken nicht in der Vergangenheit oder negativ in deiner Zukunft. Verarbeite die negativen Ereignisse deiner Vergangenheit positiv oder lasse sie los, indem du lernst zu vergeben. Du hast aus jeder negativen Erfahrung, die du in deinem Leben gemacht hast, die Möglichkeit, sie für deine persönliche Entwicklung positiv zu nutzen.

Jeder Gedanke ist ein Gebet

Der Gang zur Kirche hat keinen großen Einfluss auf dein Leben. Manche Menschen haben dadurch ein besseres Gewissen, aber Weisheit fällt nicht einfach so vom Himmel. Einige, die in die Kirche gehen und viele, die nicht in die Kirche gehen, suchen ihre Kraft in Gebeten. Gebete sind sehr machtvoll, denn die Macht der Gebete wird durch unsere Gedanken gesteuert. Somit ist jeder positive Gedanke ein Gebet.

Die Strafe Gottes

Ich sage dir: Gott bestraft nicht. Im Gegenteil, er gibt dir die freie Wahl, du kannst tun und lassen, was du willst, denn tief in deinem Inneren gibt es so etwas wie ein Gewissen, und das haben alle, obwohl der Zugang dazu oft blockiert ist. Aber sobald die Menschen, die Böses getan haben, ohne ein schlechtes Gewissen zu bekommen, zur Ruhe kommen oder ins hohe Alter, spricht ihr Gewissen zu ihnen. Deshalb gibt es viele ältere Menschen, die sehr unglücklich sind und oftmals in einem Hospiz grauenvoll dahinvegetieren. Daher gibt es meiner Meinung nach auch keinen strafenden Gott, denn jeder ist sein eigener Schöpfer und somit sein eigener Gott, und mit jedem negativen Handeln bestrafen sich die Menschen früher oder später selbst.

Was sagen die meisten Propheten?

Ihr seid so heilig wie ich! Deshalb sucht die Heiligkeit nicht in anderen, sondern sucht die Heiligkeit in euch selbst! Rennt bitte niemandem hinterher, der meint, der Heiligste zu sein. Schaut in euch selbst hinein. Alles, was Ihr zum heilig sein benötigt, steckt in euch selbst!

Einer der wichtigsten Lebensgrundsätze

Tue niemandem etwas an, das du dir nicht selbst antun würdest, und tue auch niemandem etwas an, das er / sie nicht haben möchte. Denn was du anderen tust, tust du dir selbst! Das Leben ist ein Spiegel deines Selbst!

Du würdest nicht wollen, dass andere schlecht über dich reden, also rede auch du nicht schlecht über andere.

Du würdest nicht wollen, dass andere dich belügen, also belüge du andere nicht und betrüge sie nicht. Es sei denn, du hättest kein Problem damit, dass andere dies mit dir tun, bei dem, was du tust.

Wenn alle Menschen diesem Grundsatz folgen würden, bräuchten wir kaum noch Gesetze und keine Gebote mehr. Dieser Grundsatz würde sämtliche zehn Gebote der Bibel beinhalten. Das heißt auch gleichzeitig, dass wir immer die freie Wahl haben, zu tun und lassen, was immer wir wollen. Es sei denn, wir selbst würden es nicht wollen!

Was ist Liebe

- Liebe ist »ALLES« außer Angst!
- Der Weg zur Liebe führt über Dankbarkeit und Vergebung!
- Der Schlüssel zur Liebe ist die Liebe zu dir selbst!
- Liebe ist bedingungslos!
- Liebe ist unbegrenzt!
- Liebe ist Freiheit!

Für sehr viele Menschen hat Liebe nur mit der Liebe zu einem anderen in einer Partnerbeziehung zu tun. Was meinst du, womit es in den meisten Partnerbeziehungen eher zu tun hat bei Schmerzen und Verlusten: mit Liebe oder mit Angst?

Meist hat es mit Ängsten zu tun, Angst, den anderen oder die andere zu verlieren, Angst, dass er oder sie einen Besseren kennenlernt, Angst, dass du nicht gut genug für ihn oder sie bist und so weiter.

Wie gesagt, Liebe ist bedingungslos. Eine Beziehung funktioniert nur, wenn man sich gegenseitig keine Bedingungen stellt, oder anders gesagt: Beziehungen, die auf Bedingungen basieren, sind meist zum Scheitern verurteilt.

Meiner Meinung nach bist du erst bereit, eine glückliche Beziehung zu führen, wenn du in deinem Leben mit dir so glücklich bist, dass du in deinem momentan glücklichen Leben keinen anderen Menschen benötigst, der dich glücklich macht.

Ich bin vor Kurzem eine neue Liebesbeziehung eingegangen und habe zuvor meiner Partnerin gesagt, dass ich für mich glücklich bin. In Momenten, in denen wir zusammen sind, bin ich noch glücklicher. Aber wenn ich nicht bei ihr bin, sollte sie sich dessen bewusst sein, dass ich trotzdem glücklich bin.

Dankbarkeit

Bedanke dich für etwas, das du bekommen hast. Bedanke dich auch für etwas, das du bekommen wirst und stelle dir vor, wie du schon etwas hast, das du dir wünschst, und bedanke dich dafür, als wenn du es schon hättest.

Das Dankgebet ist das wichtigste Gebet. Und da deine Gebete aus Gedanken kreiert werden, ist es dein Gedanke, der dafür sorgt, etwas zu bekommen, dass du noch nicht hast.

Solange du daran glaubst, was du denkst und dich oder deine Gedanken nicht selbst hinters Licht führst, wird das funktionieren.

Manche Menschen sprechen hier von Wundern. Je höher du in deinem Bewusstsein steigst, umso mehr Wunder wird es in deinem Leben geben.

Jetzt möchte ich dir etwas über die Macht des Vergebens erzählen.

Vergebung

Du kannst anderen vergeben für etwas, das sie dir angetan haben. Andere können dir vergeben, was du ihnen angetan hast. Und du kannst dir selbst vergeben, was du anderen angetan hast. Letzteres ist das Wichtigste: dir selbst zu vergeben, auch wenn andere dir für etwas nicht vergeben haben! Hierfür empfehle ich dir ein Buch: »Die 12 Schritte der Vergebung« von Paul Ferrini.

Selbstliebe

Liebe dich selbst, das ist der Schlüssel zur Liebe!

Die Selbstliebe ist meiner Meinung nach das größte Hindernis bei Menschen, die ein mangelndes Selbstbewusstsein haben oder in Depressionen gefangen sind. Ich selbst hatte auch ein Riesenproblem, mich selbst zu lieben. Heute liebe ich mich selbst, ohne egoistisch zu sein, das ist wichtig. Auch das Ego sollte kein zu hohen Stellenwert bei diesem Thema bekommen.

Du solltest andere nicht mehr lieben als dich selbst, sonst steckt deine Liebe in einem Schleier aus Angst.

Erst, wenn du in deinem Leben so glücklich bist, dass du keinen anderen Menschen brauchst, um glücklich zu sein, hast du die Grundlage für eine glückliches Leben.

Achte auf dem Weg zur Selbstliebe auf deinen Körper, pflege ihn und behandle ihn wie dein wertvollstes Gut!

Lerne, andere zu lieben, dann liebst du dich selbst! Wünsche anderen das, was du selbst haben möchtest, dann wirst du es am ehesten erhalten.

Gehe raus und such die Schönheit in anderen. Schau dir Menschen an und finde etwas, das dir an ihnen gefällt.

Stelle dich zuhause vor den Spiegel und schau dich an. Dann gehe einfach nach draußen, am besten mit einem Lächeln. Setze dich an einen öffentlichen Platz oder gehe in ein Restaurant, in eine Kneipe oder einen Club und beobachte die Menschen. Suche an jedem Menschen, den du siehst, etwas Schönes, was dir an ihm gefällt. Es können seine Augen, die Haare, die Ausstrahlung, sein Lächeln oder sonst etwas sein, das dich anspricht. Danach gehst du nach Hause und stellst dich wieder vor den Spiegel und suchst das Schöne an oder in dir. Schau, was dir an dir selbst gefällt, und du wirst über das Ergebnis erstaunt sein.

Dann kommt der nächste Schritt:

Gehe auf Menschen zu, die dich in irgendeiner Form ansprechen oder anziehen. Sag ihnen, was dir an ihnen gefällt. Lerne diese Menschen zu lieben, genieße die Momente mit diesen Menschen, du hast nichts zu verlieren. Stelle diesen Menschen, wenn du sie besser kennenlernst, nur keine Bedingungen und bringe dich selbst in keine Abhängigkeit! Denn jeder Mensch hat die freie Wahl. Jeder Mensch darf alles tun und lassen, solange er keinem anderen etwas antut, was der andere nicht möchte. Wir haben nicht das Recht, Dinge von anderen zu erwarten, die nicht ihren Bestimmungen entsprechen. Daran lohnt sich zu arbeiten, denn das ist bedingungslose Liebe.

Ängste auflösen durch kontemplieren

Erzeuge dir einen Gedanken oder eine Geschichte, vor der du Angst hast, in der du dich selbst siehst, wie du die Situation bewältigst, aus der Angst kommst und dabei Freude entwickelst. Verwandle das Negative ganz einfach in ein positives Ereignis. Du fühlst dich bei dem, was du tust, glücklich und voller Liebe. Mach das am besten nachts im Bett vor dem Schlafengehen. Schau dich in deinen Gedanken dabei an, wie du das machst, wie wenn du einen Film anschaust und du der Hauptdarsteller bist. Das nennt man »kontemplieren«.

Um deine Geschichte in voller Liebe und Freude aus deinen Gedanken in die Handlung zu verwandeln, ist es am besten, die Macht des Unterbewusstseins zur Hilfe zu nehmen.

1. Erschaffe den Gedanken oder die Geschichte in deinen Gedanken (durch dein Bewusstsein).

2. Widerhole diese Geschichte in deinen Gedanken mindestens 27 Mal.

3. Mach dir diese Gedanken, wenn du zu Bett gehst, oder beim Aufwachen, am besten durch kontemplieren. Nachdem du deine Ängste aufgelöst hast, bist du in der Lage, ein glückliches Leben zu führen. Du solltest dir nur bewusst sein, dass der Prozess, an dir zu arbeiten, nie enden wird.

Je mehr du dich mit den einzelnen Themen beschäftigst, umso einfacher findest du Lösungen, auf einmal wird für dich jedes Problem zu einer neuen Herausforderung, und irgendwann, da bin ich mir sicher, wirst du alle Situationen in deinem Leben meisterhaft bewältigen.

Achte ab sofort auf jeden deiner Gedanken. Sind deine Gedanken positiv, werden deine Handlungen deinen Gedanken folgen, und alles wird so, wie du es dir einst gedacht hast!

Sei dir jedoch bewusst, dass es etwas Besseres, etwas Einfacheres als deine Gedanken gibt.

Deine Gedanken musst du dir erschaffen und zurechtlegen. Deine Intuitionen, deine innere Stimme ist schon zurechtgelegt. Hier solltest du nur darauf achten, dass sie nicht durch deine Gedanken manipuliert wird.

Lass deinen Intuitionen, deinem Gefühl, deinem so genannten ersten Gedanken, die freie Wahl, und lerne, deinem Gefühl zu vertrauen. Höre auf deine innere Stimme, denn sie ist dein bester Freund. Das ist deine Seele, die für dich nur das Beste möchte.

Ziele erreichen

Was machst du am liebsten?

> 1. bei der Arbeit?
> 2. in der Freizeit?
> 3. in deiner Beziehung / Familie?

Beim Erreichen deiner Ziele oder bei der Zielfindung befindest du dich auf der Gedankenebene. Kreiere positive Ziele in den verschiedenen Bereichen deines Lebens und suche nach Wegen, diese Ziele und Wünsche zu erreichen.

Sei dir bewusst: Wir sind nicht auf dieser Erde, um etwas mit unserem Körper, sondern mit unserer Seele herzustellen. Der Körper ist das Werkzeug unserer Seele. Unser Geist ist die Kraft, die unseren Körper in Bewegung setzt.

> »Höre auf deine innere Stimme!«

Jetzt liegt es an dir, all diese Erfahrungen als hilfreich zu erkennen und anzufangen, dein Leben dementsprechend zu verändern.

Denn DU bist der wichtigste Mensch in deinem Leben und DU allein hast die Kontrolle und Verantwortung für dein gegenwärtiges und zukünftiges Leben.

DU hast es in der Hand, ein glücklicher Mensch zu SEIN!

Viel Spaß bei der Veränderung!
    Lebe jetzt!!!
    ICH LIEBE DICH!!!

Um dich in deiner persönlichen Entwicklung weiter zu unterstützen, empfehle ich dir, an einem meiner Workshops teilzunehmen.
    Infos unter: www.jochen-raible.com

Danksagung

Als erstes gilt mein Dank der Ghostwriter Fee Sarah Rubal, ohne sie hätte die Geschichte ihren Lauf so, nicht gefunden.

Ich danke ganz besonders einem meiner besten Freunde, der mir immer eine Hilfe war und ist. Der mir mit ein paar wenigen Tipps gesagt hat, was ich tun kann, oder welches Buch ich lesen sollte. Er war derjenige, der mir ganz beiläufig gesagt hat, dass ich mal das Buch von Neal Donald Walsch lesen sollte, »Gespräche mit Gott« welches mein Leben grundlegend verändert hat. Ich spreche von Helmut Kopp, der mir heute noch in verschiedenen Bereichen meines Lebens, Tipps gibt.

Ich danke meinem Sonnenschein, Magda. Sie hat diesem Buch den Titel gegeben.

Ich danke meinem Sohn Liam, der mich die letzten Jahre sehr inspiriert hat, Dinge in meinem Leben zu verändern.

Ich danke meiner Tochter Selina, die mich schon vor vielen Jahren inspiriert hat den richtigen Weg einzuschlagen.

Ich danke meinen ganzen Freunden und Bekannten, die alle auch teilweise unbewusst, dazu beigetragen haben, dass ich zu dem geworden bin, der ich heute bin.

Und ich danke all denen, die dazu beigetragen haben, meine eigene Hölle zu kreieren, denn ohne diese wäre ich ganz sicher nicht zu dem geworden, der ich heute bin.

Hiermit vergebe ich jedem Menschen, der mir in meinem Leben böses und schlechtes angetan hat!!! Ich hoffe, ihr könnt euch selbst auch dafür vergeben.

In Liebe,

Jochen Raible, Januar 2024